贵金属交易师教程

（高级）

主　编　侯惠民

副主编　林壬子　陈建平　杨麟　等

中国金融出版社

责任编辑：吕　楠
责任校对：孙　蕊
责任印制：陈晓川

图书在版编目（CIP）数据

贵金属交易师教程（Guijinshu Jiaoyishi Jiaocheng）（高级）/侯惠民主编.
—北京：中国金融出版社，2018.4
ISBN 978 - 7 - 5049 - 9163 - 8

Ⅰ.①贵…　Ⅱ.①侯…　Ⅲ.①贵金属—交易—中国—技术培训—教材
Ⅳ.①F832.54

中国版本图书馆 CIP 数据核字（2017）第 207337 号

出版
发行　中国金融出版社

社址　北京市丰台区益泽路 2 号
市场开发部　（010）63266347，63805472，63439533（传真）
网上书店　http://www.chinafph.com
　　　　　　（010）63286832，63365686（传真）
读者服务部　（010）66070833，62568380
邮编　100071
经销　新华书店
印刷　保利达印务有限公司
尺寸　185 毫米×260 毫米
印张　9.25
字数　165 千
版次　2018 年 4 月第 1 版
印次　2018 年 4 月第 1 次印刷
定价　70.00 元
ISBN 978 - 7 - 5049 - 9163 - 8
如出现印装错误本社负责调换　联系电话（010）63263947

编　委　会

序

随着我国经济体量的不断增大，股票、期货、贵金属、外汇以及基金等投资品种的日益增多和交易量越来越大，投资者的投资意识和思想观念也在随之转变。但是，由于缺乏系统的理论基础和必要的投资技能，在投资的道路上，很多投资者走了弯路，甚至造成了不小的经济损失。面对当前的市场现状，我们组织有关行业的著名专家学者共同编撰了"交易师教程"丛书，根本目的就是给广大投资者提供一套理论与实践相结合的系统的交易师教材，提高投资者的理论水平和实际操作技能，为行业培养一支高素质、高水平的专业队伍，并为普惠金融贡献一份力量。

"交易师教程"丛书是由原中国黄金协会专职副会长、现任中国生产力促进中心协会普惠金融服务工作委员会会长侯惠民教授（博导）组织编写创立的。侯惠民教授是黄金投资分析师国家职业的创始人，黄金投资分析师资格评审专家委员会首任主任。他以敏锐的眼光和丰富的职业培训经验，针对我国金融市场发展对人才的需求，组织中国人民银行、中国证监会、国家外汇管理局、上海期货交易所、上海黄金交易所、中国职工教育和职工培训协会、中国期货研究院、中国石油大学等机构和单位的专家、学者，在借鉴原有教材的基础上，增加了新品种、新方法等有关研究内容，几易其稿，历时两年多，完成了本丛书的编写。

本丛书已经编辑完成共8册，分为《贵金属交易师教程》《原油交易师教程》《外汇资产管理师教程》三大类，涵盖了整个交易过程的基本原理和基本方法。从基本面到技术面，从交易规则到法律法规等多方面阐述了交易师应知应会的专业知识。同时根据市场对人才的需求，每类教程分为初级、中级和高级三个层级，每个层级各有相应内容，并配有《交易师投资基础知识》。《珠宝玉石交易师教程》目前正在编辑当中，还有待完善，后续将陆续出版。

本丛书体现了"以职业活动为导向，以职业技能为核心"的指导思想，突出了贵金属、原油、外汇、珠宝玉石行业职业培训的特色。结构上优化章节编排，文字上简明扼要，知识面由浅入深，案例新颖明晰，内容中外结合。希望丛书的面市，能对我国贵金属、原油、外汇、珠宝玉石交易从业人员和管理人员以及广大投资者的理论知识、实操技能、职业操守和管理水平的提升发挥重要的促进作用，对我国普惠金融市场规范、健康、平稳发展发挥重要的引导作用。

本丛书在编写过程中，浙商期货有限公司与北京惠民技术培训有限公司积极配合，对人民币原油期货价格形成机制进行了阐述。同时，在贵金属与外汇方面，Cyprus Jin Daocheng Limited.［Licence Number：316/16（亚太区）］和艾汇（imsforex.com）提供了大量翔实的数据和资料，并对教材的出版给予资助，在此表示感谢！

由于时间紧任务重，"交易师教程"丛书肯定会有不尽如人意的地方，编委会真诚希望读者不吝指正，随时提出宝贵意见，以期使丛书不断修正和完善，让本丛书在职业培训教材中始终保持先进水平。

丛书编委会

二〇一七年九月

目　录

第一章 黄金矿产、最新技术及研究

第一节 近年世界黄金勘查开发的进展与动向

20 世纪 70 年代以来，持续 30 余年不变价的国际黄金价格（35 美元/盎司）开始急剧上升，刺激了黄金业的发展，吸引了更多的投资者，金矿勘查成为固体矿产勘查中最具魅力的领域，发现了一大批令人瞩目的特大型金矿床，金产量不断增长。尽管 20 世纪 80 年代世界矿业进入了萧条期，但各国对黄金勘查的投资有增无减，全球形成了一股此起彼伏的找金热潮。

20 世纪 90 年代后期找金热中有降。1996 年以来，欧洲中央银行为达到欧洲货币联盟规定的各成员国预算赤字和债务水平，大量抛售黄金，使其黄金储备量锐减。此举曾引起其他国家的竞相抛售，导致国际金价大跌。2001 年，国际年均金价降至 271.04 美元/盎司，是 1979 年以来的最低点（见图 1－1）。

图 1－1 黄金月线图（1975～2011 年）

随着金价下跌，黄金勘查实际投资也随之下降，从 1997 年的 26.15 亿美元下降到 2002 年的 7.82 亿美元，但黄金勘查投资一直遥居固体矿产勘查投资之首。

进入 21 世纪以来，由于地缘政治的不确定性、美元疲软、工业增长缓慢等原因，促使金价上涨，从 2001 年到 2005 年，国际金价年均上涨幅度高达 13.2%。与此同时，黄金勘查投资升温，2005 年世界黄金勘查投资预算高达 23.1 亿美元，比 2004 年的 17.69 亿美元增长了 30.6%，仅次于 1997 年 26.15 亿美元的历史最高水平。

从黄金勘查费用占固体矿产勘查费用的比例来看，在经历了从 1997 年的 64.9% 降至 2001 年的 42.5% 后，从 2002 年开始上升，升至 2004 年的 49.8%，2005 年有所下降，为 47.3%，但黄金始终是固体矿产勘查投资最多的矿产，也是近年发现新矿床最多的矿种（见表 1−1）。

表 1−1　　　　　　　　1996～2005 年各类固体矿产勘查投资比例变化

年份	黄金勘查占的比例（%）	贱金属勘查占的比例（%）	其他矿产勘查占的比例（%）
1996	60.9	30.8	8.3
1997	64.9	27.1	8.0
1998	55.1	33.0	11.9
1999	51.9	34.7	13.4
2000	46.6	37.9	15.5
2001	42.5	38.9	18.6
2002	45.2	29.6	25.2
2003	48.1	26.6	25.3
2004	49.8	26.4	23.8
2005	47.3	29.5	23.2

资料来源：Metals Economics Group Strategic Report，1996−2005.

近年来，在加拿大、美国、秘鲁、智利、阿根廷、澳大利亚、南非、坦桑尼亚等国家，黄金勘查有了许多重要进展。有的是原有矿山储量和资源量的扩大，其中不少则是在已知矿山的外围勘查发现的，也有一些是新的发现。

近年来发现的主要金矿床有：加拿大的梅里亚迪纳西、红湖地区，美国的多林溪和克雷森，澳大利亚的沃勒比、超大金坑、伯廷顿，坦桑尼亚的布利扬胡鲁、盖塔、尼扬坎加，马里的莫里拉，秘鲁的亚纳科查、阿尔多希卡马，智利的帕斯夸—拉玛地区、塞罗卡塞尔，中国青海的曲麻大场、云南的博卡、贵州的锦丰、辽宁的青城子、江西的德兴等。

从区域上看，2005 年，拉丁美洲已连续 9 年是全球吸引黄金勘查预算最多的地区，黄金勘查预算约为 5.3 亿美元，占拉美国家固体矿产勘查投资所报告金额的 23%。

2005 年，加拿大用于黄金的勘查预算约为 3.8 亿美元，约占世界黄金勘查预算总额的 16.5%。从加拿大固体矿产勘查投资比例看，近年来黄金勘查所占比例已远高于贱金属，并呈上升态势。1996 年至 2005 年，美国黄金勘查投资预算一直占其固体矿产勘查投资的 60% 以上，其中有 6 年是在 70% 以上，2005 年黄金勘查预算约为 2.7 亿美元，约占世界黄金勘查预算的 12%。

在亚洲，蒙古勘查开发活动十分活跃。多家国际大矿业公司和许多中小型公司以及不少中国公司都在蒙古国境内开展矿产勘查开发活动。据估计，蒙古 2005 年矿产勘查经费将超过 5000 万美元，这其中还不包括加拿大艾芬豪公司开发奥尤特勒盖特大型铜—金矿的支出。

中国也正在成为国际矿业投资的热点地区。许多国际矿业公司增加了在中国的勘查投资。据 2005 年的统计，约有 50 家国际金矿公司，大多数为小公司，正在中国勘查金矿。根据加拿大金属经济小组的调查，国际矿业公司在中国的投资近年来呈直线上升趋势。2003 年有 22 家国际矿业公司在中国勘查，总投资为 1900 万美元，2004 年增至 47 家公司，总投资约 7000 万美元，其中 5400 万美元（占 77%）投资于金矿勘查。

从全球来看，黄金的勘探支出在 2012 年达到峰值，矿业公司当时共花费了 60.5 亿美元。在接下来的几年只发现了 4 个主要的黄金储备，而在 2012 年之前的 10 年里，平均每年都能发现 10 个。一个大型的找矿项目可能要花费数年，但不可否认的是大型金矿储备的发现速度正在显著下降。

当储备达到 100 万盎司，或资源量到达 200 万盎司时，才可以被定义为大型发现。这意味着一些金矿储备要等到资源量被探明之后才能被追认。

但是现实是，我们将再也不会见到 20 世纪 90 年代发现的那种规模的储备。那个时代 280 ~ 420 美金/盎司的金价意味着大多数容易获得的、低成本的项目已经被发现了。

一、我国黄金资源地域分布状况

我国黄金资源分布较为广泛，在行政区域上除上海市之外，各省（区、市）均有探明的金矿资源。从地域分布来看，东部地区黄金储量/资源量占 31.6%，中部地区黄金储量/资源量占 30.7%，西部地区黄金储量/资源量占 37.7%，如图 1 – 2

所示。

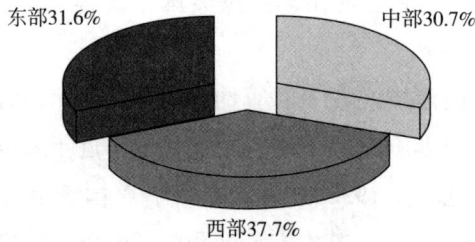

图 1 - 2　我国黄金资源地域分布情况

我国黄金保有储量/资源量在百吨以上的省（区、市）有 19 个。目前主要产金区是东部地区的山东、河北、辽宁、福建 4 省；中部地区的黑龙江、吉林、河南、湖南、湖北、江西、安徽 7 省；西部地区的陕西、四川、云南、新疆、甘肃、青海、内蒙古、贵州 8 省（区）。

二、我国金矿资源的特点

1. 岩金矿为主，伴生金占较大比重

截至 2007 年底，我国已查明黄金资源储量为 5541.3 吨，其中独立岩金所占比重约为 65%，砂金所占比重约为 10%，伴生在铜、铅、锌等有色金属矿山中的伴生金所占比重约为 25%，如图 1 - 3 所示。在 5541.3 吨已查明资源储量中，资源量为 3681.6 吨，基础储量为 1859.74 吨（其中储量为 1126.06 吨）。

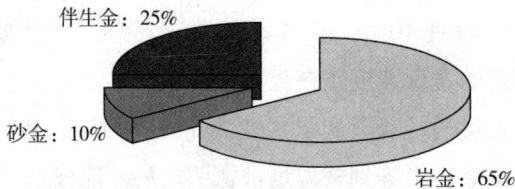

图 1 - 3　我国黄金资源特点

2. 较大比重的难处理金矿资源已开始得到开发利用

我国独立金矿中，微细粒、含砷、含碳的难处理资源比重较大。在 3000 多吨已查明资源储量中，难处理资源约为 1000 吨，约占 33.3%，我国难处理金矿资源主要分布在西部地区，包括云南、贵州、广西、四川、甘肃、青海、新疆等省（区）。近年来，不断发现新的难处理金矿，尚未提交的较大矿区已有十几个。由于金价上涨和生物预氧化技术的重大突破和成功应用，目前这类难处理金矿已开始得到大规

模开发。

3. 小型金矿床多，大型、超大型矿床少

我国已发现小型金矿床 1374 个，占全国金矿总数的 87.63%，储量/资源量的 31%；中型金矿床 154 个，占全国金矿总数的 9.82%，储量/资源量的 69%；储量/资源量大于 20 吨的大型金矿床仅有 20 个，占全国金矿总数的 1.3%。

4. 开采技术条件比较复杂，可供露采的矿床很少

我国已探明可供开采的金矿多为脉状矿床，矿体厚度小，变化大，品位不均匀，一般仅能采用地下开采。可供露天开采的矿床比例比其他主要产金国小得多。

三、我国黄金资源在世界上的地位

据有关科研机构预测，我国金矿资源蕴藏量在 2 万吨以上，我国未查明金矿资源总量很大。同时，我国已探明储量供应不足，不能满足工业生产的需要。作为世界第一大产金国，我国黄金储量却排在世界第 7 位。

由于地质勘探投入不足，我国黄金基础储量始终维持在 1000～2000 吨之间，而产量则以年均 5%～6% 的速度增长。增加的储量消耗基本上是依靠矿山本身探矿增储实现的，同时老矿山尾矿资源的利用也为产量增加发挥了作用。国际矿业界普遍看好我国黄金矿业资源。世界上比较成规模的黄金矿床类型在我国均有发现。目前我国金矿资源的开发已成为世界矿业界普遍关注的焦点。

四、中国金矿勘查研究进展

近年来，中国的金矿勘查无论是在理论、方法上，还是在找矿效果上都有重大突破。具体表现在以下几个方面：

1. 金矿勘查理论、技术及方法

（1）金矿物探技术方法的进步

在金矿勘查中，物探已经成为常规方法并取得了显著效果，近年来物探方法不断改进，新的航空物探方法已成为矿产勘查的重要生力军，从而使区域填图和靶区圈定的工作效率得到了极大提高。物探测量的精确度和准确度不断提高，使找矿效果有了明显提升。例如，山东烟台市牟平金矿在深部金矿体的预测中应用激电中梯、激电测深及激电测井取得成功；玲珑金矿在深部找矿中采用了单向三极剖面和双向三极测深。利用浅层地震、可控源音频大地电磁法等新技术手段，河北金厂峪金矿和山东牟平金矿找到了新的金矿体。此外，地面高精度磁测及其三维反演技术、可控源音频大地电磁测深等也在广泛应用。

（2）金矿化探理论和方法的进步

化探是岩金矿普查的支柱性手段之一。近年来，活动态金属离子地球化学成为发展的重要方向，人们已认识到弱束缚的金属离子可以从深部的矿体向上运移至土壤中并保存下来。

在此理论的基础上，包括中国在内的多个国家研制和发展了深穿透地球化学方法，主要有美国和加拿大的酶提取法（ENZYME LEACH）、澳大利亚的活动态金属离子法（MMI）、中国的金属元素活动态提取法（MOMEO）和动态地球气纳微金属测量法（NAMEG）等，其探测深度可达几百米。中国所发展的这两种深穿透方法不仅能在详查阶段圈出被埋藏在厚层覆盖物之下的矿体，而且可以用于在大面积覆盖区圈定战略选区，评价大面积隐伏区内成矿金属供应量的规模。

（3）遥感技术应用的拓展

遥感技术在识别地质构造、查明物质组成等方面的应用不断取得新的突破。特别是将生物地球化学与遥感技术相结合应用于金矿勘查方面，已经有不少成功案例。超分辨率图像处理技术开始在遥感技术中得到应用。多光谱、高光谱、超光谱、雷达、激光诱导荧光方法（LIF）等在矿产勘查领域中得到应用。其中，超光谱扫描可以获得几百个频道的数据，使精细的蚀变和组分遥感填图成为可能，从而为矿产勘查提供更精确的证据。

（4）地矿数据信息处理技术的集成化

地矿勘查中，地、物、化、遥多兵种协同立体作战已经成为趋势，不同专业海量数据信息的叠加和综合分析使找矿预测和靶区圈定更加准确有效。这一艰巨任务的完成离不开精准的数据处理系统，GIS平台在业内得到了广泛应用，一系列应用软件在地矿行业得到推广，有些如 Mapinfo、Mapgis、RES3DINV、GoCAD、GEOSOFT GenStat、Arcview、Mieromine 等还可以用来做三维建模。同时，信息技术的进步也使测绘、物探、化探、遥感数据的采集、存储和传送更加快捷。

2. 新类型金矿的发现

近年来我国发现了一些新的金矿类型，如辽西—冀东地区赋存于长城系上部和蓟县系下部碳酸盐岩中的层控金矿床与卡林型金矿既有相似之处，又有自己的独特性；川西北发现交代石英岩—矽卡岩型金矿床；新疆发现了一种与断裂变质作用有关的新类型金矿床；长江中下游及云南、闽南等地发现了红土型金矿床；胶东栖霞、牟平、乳山一带及山西五台山地区均有砾岩型金矿床发现。

第二节 黄金采矿技术展望

在我国 5000 多年的文明史中使用黄金已有 4000 多年，是世界上少数几个最早发现与使用黄金的国家之一。据有关资料记载，曾于 1888 年（清朝光绪年间）产金达 13.5 吨，占当时世界产金量的 7%，居第 5 位。之后，仅靠开采砂金为主，黄金产量下降，新中国成立后也是如此。但自 20 世纪 50~60 年代开始大量开发岩金，20 世纪 70 年代后由于国家采取一系列奖励与扶助政策，黄金产量以超过国民经济发展几倍的速度递增。当时提倡大矿大开，小矿小开，有水快流，并以群众开采砂金为主提高黄金产量。1973 年产金超过历史最高纪录，20 年之后的 1993 年黄金产量超过 100 吨，进入 21 世纪以来，中国黄金行业取得了勘探、开采、选冶、消费、加工、投资全产业链的跨越式发展。2002 年矿产金总和为 189.8 吨，包括再生金合计达 202 吨，再闯 200 吨大关。改革开放以来，我国黄金产量持续增加。从 1978 年的 19.67 吨增加到 2007 年的 270.5 吨。也就是在 2007 年，中国黄金产量首次超过南非，并连续四年保持全球第一大产金国的地位。

统计数据显示，2007 年我国黄金产量达 270.5 吨，2008 年达 282.01 吨，2009 年为 313.98 吨，2010 年国内黄金产量进一步增长，实现 340.88 吨，再创历史新高。到 2013 年中国黄金产量达到 428.16 吨，已连续七年成为全球最大的黄金生产国，全年黄金消费量首次超过印度，达到 1176.4 吨，成为全球最大的黄金消费国。

依 2010 年黄金产量，排名前五位的省份依次为山东、河南、江西、云南和福建，产量占全国总产量的 59.82%。同时，2010 年，中国黄金集团公司、紫金矿业股份有限公司、山东黄金集团公司、山东招金集团公司等排名前 10 位的中国大型黄金企业生产黄金 167.686 吨，占全国总产量的 49.19%。

同时，中国自主研发的多项难选冶提金技术已经达到了国际领先水平。在地质勘探、深部采矿、黄金提纯、首饰加工等技术领域取得了新的突破。经过十多年的发展，中国黄金市场已经形成了一个功能有别、形态多样的市场体系，是当今全球规模增长最快、参与人数最多、创新能力最强的黄金市场。

一、20 世纪黄金采矿技术回顾

回顾 20 世纪 80 年代之后的黄金采矿技术进步，简略地说，主要有以下几个方面：

第一，薄与极薄矿脉开采技术。主要是 20 世纪 80 年代初期从法国、美国等国家引进的 CT－500 型小斗容电动铲运机在薄与极薄矿脉开采中的应用，如红花沟金矿机械化干式充填采矿法，金厂沟梁金矿极薄矿脉开采单臂液压凿岩台车凿岩、电动铲运机出矿与充填的机械化大矿块削壁充填采矿法等，使薄矿脉开采效率与采场生产能力都得到了大幅提高。之后，夹皮沟、五龙、湘西等金矿也相继应用并开展采矿方法试验研究。

第二，山东半岛蚀变岩型矿体开采技术。主要研究内容：一是充填采矿技术、降低采矿损失贫化，二是提高矿块生产能力。主要集中在山东焦家、新城、河东、河西、金城、望儿山、招远等金矿开展试验和应用。主要方法包括：三山岛金矿点柱式机械化分层充填采矿法、焦家金矿机械化进路充壤采矿法、新城金矿机械化盘区上向分层充填采矿法等。

第三，小秦岭缓倾斜薄矿脉的开采技术。主要是以文峪金矿为代表的采矿方法：含金石英脉多金属硫化矿床，脉厚 1.0～3.0 米，倾角 35°～45°，走向长度大于 1000 米，倾内延深大于 500 米，主要开展了留矿全面采矿法研究。还有陕西潼关等金矿极薄矿脉矿岩分采、抛掷爆破技术研究。

第四，其他一些采矿技术。如河北金厂峪金矿 20 世纪 80 年代中期试验的 VCR 法，由于使用条件所限，没能推广。20 世纪 80 年代末期，陕西太白金矿分段中深孔凿岩阶段崩落采矿法，解决了品位低的地下开采技术难题，促进了企业生产能力提高，达到了规模效益，并沿用至今。

应该说，20 世纪我国黄金工业的发展，促进了黄金采矿技术的进步。20 世纪 70 年代赤峰地区开始采用极薄矿脉矿山应用削壁与干式充填采矿方法，20 世纪 80 年代随着山东焦家式蚀变岩型金矿床的开发而加快了充填采矿技术的进步，到 20 世纪 80 年代末期，由太白金矿用崩落采矿法代替空场采矿法，从而使我国黄金工业采矿技术更加完善。到 20 世纪末期，我国已有 3 大类采矿方法近 30 余种回采工艺在实际生产中应用，并得到了相应的发展，尤其值得一提的是黄金开采技术，提倡推广应用充填采矿法，其目前比重略大于 40%。

二、采矿新技术展望

1. 充填采矿技术应用不断发展与完善

吉林夹皮沟金矿、广东高要河台金矿都因为出矿品位低而自觉不自觉地使用了干式充填或削壁充填采矿技术，这是提高企业经济效益非常有效的手段。尤其是约占采矿量一半的空场采矿法，如果在 21 世纪大力推广此技术，不但可使企业效益更佳，而且也可延长矿山服务年限。

山东半岛一带的充填采矿法，已经适应了矿山生产与发展的需要，继续完善与提高充填工艺，降低采矿损失和贫化是今后研究的主要方向。

我国黄金工业的标准充填工艺就是以分级尾砂为粗骨料，或添加水泥或其他胶结材料，制成质量分数 75% 以下的充填料在采场充填，而且采场内需要脱水；品位低的矿山仅使用分级尾砂，并添加掘进废石充填；研制与矿山技术及经济能力相适应的采场隔墙技术，这些技术包括钢筋编网并挂苇箔的柔性隔墙、编织袋袋装尾砂而筑垛隔墙、砂浆砌块石隔墙、采场内挖沟胶结充填体隔墙或 60° 斜面开采自然隔墙等。

充填材料除干式与削壁充填采矿法外，水力充填仍然以散装硅酸盐水泥为主要胶结材料，对于高水材料，经过近 10 年实践之后已成为历史。以炼铁高炉炉渣为主要原料添加某种活化剂（山东淄博海易公司专利产品）研制成高强度水泥，其充填体强度是普通水泥强度的 1 倍以上。对于某些低品位矿山，除纯分级尾砂充填之外，可使用粉煤灰等低成本活化剂充填。82% 质量分数的高浓度充填技术以及膏体充填技术在金川镍矿等有色矿山应用自如。但黄金矿山未有先例，今后某些高品位或矿石价值较高的矿山可引进使用。

尤其值得一提的是，充填采矿法是深部矿体开采唯一可行的采矿方法。我国湖南辰州矿业有限公司（原湘西金矿）在缓倾斜极薄矿体开采中已经在 20 世纪末期进行研究，引进南非的水力支柱进行相应充填采矿技术应用，且取得成功。我国今后仍有很多矿山的开采深度要进入或超过 800~900 米，如夹皮沟金矿、二道沟坑口采深超 700 米，干式充填采矿法还有问题需解决。又如辽宁五龙金矿、二道沟金矿，个别坑口采深也超过了 700 米，空场采矿已很困难。又如山东乳山金矿，采深仅500~600 米，岩爆现象到处发生，虽然采用空区嗣后充填，但问题还有不少。即将进入深部开采的矿山应很好地研究与解决岩体离层冒落等问题。

2. 高效采矿技术研究与应用

（1）连续回采充填采矿法

矿山生产以低成本、高效率、安全性好的采矿方法为主要工艺，以利润最大化为目标。

20 世纪 90 年代末期在山东新城金矿进行了国家"九五"攻关项目研究。即盘区上向高分层连续回采充填采矿法试验研究。主要特点为：一是改变过去隔一采一的盘区工艺，变成 3 个矿房品字形上向开采方法，增大矿房生产能力，并大量减少矿壁矿量。二是改过去 10 米高 3 个分层为 2 个分层，充分利用单臂液压凿岩台车及锚杆台车的有效高度（≤6.0米），而实际试验应用时仍可达4.5米高度。提高分层高度除可提高矿房生产能力外，还可减少充填次数及降低采矿损失贫化。三是3个矿房品字形同时上向开采。其中有一个采场为原岩开采，安全稳固，其旁侧两个均有一壁为原生矿石，安全性也好，一个矿块中仅有一个矿柱采场，大大增加了矿山生产的安全性。与此同时，要求采场胶结充填体强度达1.5~2.0兆帕斯卡，仅矿壁使用分级尾砂充填，相对而言，充填成本较高。该采矿法的盘区生产能力达280吨/天，比过去提高了1/3。目前新城金矿由于地质品位变低，矿岩更破碎，虽然曾试验过点柱法，但仍以机械化盘区充填采矿法为主，矿山生产能力达1600吨/天。

（2）胶结充填采矿法

湖北三鑫金铜股份有限公司（以下简称湖北三鑫公司）主要开采铜、金、铁、硫多金属硫化矿床，分鸡冠嘴与桃花嘴两个矿区，相距300~400米，使用同一开拓系统，分别两个通风系统。由于矿体厚大，品位高，一般每吨矿石价值500~600元，个别大于1000元，所以自1992年投产以来一直采用胶结充填采矿法。2002年竣工的三期扩建工程设计生产能力1800吨/天，2005年达到2000吨/天。因此，只有使用高效采矿方法才能满足矿山生产日益发展的要求。由于矿山未使用进口无轨采掘设备，只有国产常用机械，所以多年来以分段中深孔落矿嗣后阶段充填采矿法，与上向水平高分层充填采矿法联合运用，以完成中段主矿体回采作业。一步采矿房宽度15米，二步采矿柱宽度8~10米；大部分矿块垂直矿体走向布置，矿体平均厚度60~120米，也是矿块长度。矿体厚度小于30米的，则沿走向布置矿房。目前中深孔凿岩出矿量占67%，其余为浅眼凿岩分层采矿法与掘进副产供矿。充填质量经过10余年改进，几经改变胶结材料，现在可满足矿山生产要求。其存在主要问题是留下大量矿柱，按目前方法与进度要5~6年才能采完。

（3）纯分级尾砂充填采矿法

山东尹格庄金矿主要开采蚀变岩型矿床，由于矿石品位低一直使用纯分级尾砂充填采矿法，近年研究成功高效采矿方法。其原理仍是水平分层上向充填，2个矿房为一个矿块，矿块与矿块之间留2~3米永久性矿柱，矿房与矿房仍用柔性隔墙。这样应用的结果，一来可保证目前矿山生产能力2000吨/天的要求，将来可满足3000吨/天的发展需要。二来这样的充填方法，可保证矿区稳定性，有利于矿山持续、安全与平稳发展。

此外，江西金山金矿开采含金蚀变糜棱岩缓倾斜薄至中厚矿体，矿山生产能力1000吨/天左右，自21世纪初兴建充填系统，使用胶结充填采矿技术，可使生产规模达到3000吨/天。另外，山东招远的岭南金矿自20世纪末合并罗山金矿后，在缓倾斜含金蚀变岩多层中厚矿体开采中，自 1997 年开展机械化开采试验以来，目前，选矿生产能力 4000 吨/天左右，将来可发展至 5000 吨/天，全部使用无轨设备机械化开采，应用尾砂胶结充填采矿技术，2004 年产金 4687.5 公斤。可见，进入 21 世纪后，随着机械化高效采矿技术的应用，矿山生产能力不断提高。

（4）推广应用实用技术

自 1984 年在红花沟金矿应用混凝土矿柱代替矿石矿柱以来，经过 30 多年的推广，不但在薄与极薄矿脉开采中作为人工底柱，替换了高品位矿石底柱，而且在焦家金矿、新城金矿、金城金矿、湖北三鑫公司等高品位、厚大矿体开采中也采用了此技术。2004 年贵州水银洞金矿采出矿石品位 27.8×10^{-6}，如此高品位的矿石，就是应用房柱空场采矿法开采，使用混凝土块筑垛支撑空区而代替大部分矿柱。

（5）提高矿山机械化水平

我国地下开采岩金矿山全员劳动生产效率很低，与国外标准相距甚远。我国劳动力资源丰富，工资较低，"人海战术"可以解决低收入、广就业问题。但紫金矿业发展经验显示，机械化是提高效率、扩大产量的重要手段，也可以使国产工程机械代替国外进口元轨采掘机械从而达到同样的目的。

三、世界采金技术现状简介

在黄金开发方面，无论是从储量到产量，还是从技术到装备，南非均位居世界前列。经过近 2 个世纪的开采，随着矿井的加深及品位降低。进入 21 世纪，其黄金产量仅为 400 吨左右，而最高 1971 年产金达 1001 吨，占全球的 55%。按全世界资料统计，其岩金、砂金与伴生金比例为 70∶15∶15。世界最大的露天岩金矿山为乌兹别克斯坦的穆龙套金矿，属于沉积变质岩型矿床，最高年产金量 102 吨，是一个位于大沙漠中的金矿。

我国岩金单个矿床储量超过 100 吨的有山东玲珑金矿床与福建紫金山金矿床，但与其他国际超大型金矿床相比，仍差距甚远。

1. 缓倾斜薄矿脉金矿床深部开采技术

南非绝大多数为含金铀变质砾岩型矿床，埋深大于 1000 米，延长数千米，产于绿岩带的沉积变质岩层中，似层状或板状，倾角 5°～30°，脉厚 0.3～3.5 米。矿石为含金黄铁矿砾岩，上盘玄武岩，下盘石英岩，矿岩坚硬，矿化连续。目前最大采深 4500 米，将来达 6000 米。

南非深部矿体开采具有如下特点：①随着采深增大，构造残余地应力增大，主应力达 150～200 兆帕斯卡；②随着采深增加，岩温增高，最高超过 70℃；③岩爆频繁，井下伤亡事故多源于此，且大型岩爆将引发地震，其能级达里氏 5 级；④深部矿体开采时，作业面前方形成高应力集中区，后方为张力破坏区。因此，深部矿体开采应遵循以下原则：①在开采顺序上，为避免应力集中，一般从中央向两翼推进，或从一翼向另一翼推进；②应采用连续作业方法，但矿床延长数千米时，需每隔一定距离留下 40～50 米宽的连续矿柱支撑顶板，并且采后须及时胶结充填，以防因地压增大导致采场工作面闭合；③要强化开采，即提高作业面积的采矿强度，或提高长壁式工作面推进速度，以减少岩爆发生及减少热负荷。

南非金矿床深部开采，绝大部分采用长壁式工作面连续推进方式，采场充填前用快速让压液压金属支柱或方形木垛支护顶板，当采到一定距离后拆除支护，用高浓度尾砂胶结充填。由于矿岩坚硬及矿体较薄，难以实现机械化生产。所以，到 20 世纪 80 年代中期，每生产一盎司（合 31.102 克）黄金需要消耗 5491 吨水、572 千瓦·时电、12 立方米的压缩空气与 60 吨通风空气。由于井下温度过高，为保持工作面温度不超过 28℃，需要降温处理，一般使用冷凝冰冷却井下空气。南非金矿在掘进、支护、提升、运输、通风、制冷、防火以及预防岩爆与岩石力学研究等方面都具有国际领先水平。

2. 急倾斜薄矿体深部开采特点

印度科拉尔金矿区共发现了 26 条金矿脉。其中 Champion 脉是矿区的主脉，石英脉界限分明，走向长度超过 8 千米，宽 1.0 米，倾角大于 75°，含金品位高。Cri-enta 脉是一条含金硫化物石英脉，宽 2.0 米，金属储量最大。

科拉尔金矿已有百余年开采历史，采出矿石量超 5000 万吨，有 3 座矿山：中央为 Champion Reef，采深超 3260 米，共有 112 个阶段；北为 Nundydrccg，采深 2400 米；南为 Mysore，采深超 2500 米。在地面三矿相连，井下阶段相通。鼎盛时期矿工 3.46 万人，现降至 1.1 万人，总采选矿石量 1500 吨/d。

该矿开采具有如下三个特点：一是以岩爆频度和程度猛烈闻名于世。岩爆始发于 1898 年，当时采深只有 320 米。1930 年之后，每年岩爆死亡人数达 30～40 人。1962 年中央矿井涉及范围从第 85 到第 107 共计 22 个阶段，破坏区高 500 多米，走向长 300 米，发生一次大型岩爆并引发地震，记录到 59 次冲击，震动持续数天，工作面矿壁完全破坏，两壁闭合，巷道压实，地震能级达里氏 5 级，地面距震中 2～3 千米的房屋完全被破坏。二是岩石强度高。矿体围岩单轴抗压强度 300 兆帕斯卡，弹性模量 79000 兆帕斯卡，泊松比 0.2，矿脉抗压强度 420 兆帕斯卡。三是地温高。采深 1200 米时，岩温 49.8℃；采深 1800 米时，岩温达 54.3℃；采深 2400 米时，岩温 61.2℃；采深 3000 米时，岩温高达 69℃。因此，采用地面集中制冷系统使进入井下作业面的空气降温，保证工作环境在 28℃适宜的温度范围。

由于以上特点，为了防止岩爆，必须采用不留永久矿柱的采矿方法。为消除工作面前方三角矿壁的应力，从多水平采区形成的"V"形工作线改为垂直分条，下向分层废石及混凝土联合胶结充填采矿法，工作线呈倒"V"形。这一方法始于 1971 年，并用此法重新开采了 1962 年大型岩爆的破坏区，到 1983 年的 12 年间，在此工作区仅发生 5 次岩爆，而在同一地区使用老方法开采时，从 1958 年到 1966 年的 8 年间，却发生了 7 次岩爆。看来，此开采技术非常实用。

3. 结语

（1）改革开放 30 多年来，我国黄金工业快速发展，从而使采矿技术有了长足进步，20 世纪 60 年代末期就结束了浅眼留矿采矿法一统天下的历史，80 年代充填采矿技术普遍推广并大范围应用，90 年代初又采用阶段崩落采矿法。至今，岩金地下开采已有三大采矿方法 30 多种回采工艺在工业生产中应用。

（2）我国砂金开发的鼎盛时期应是 20 世纪 80 年代中期，主要使用采金船及露天机械化开采技术，并形成系列，由北方发展到中原，由东边引入西部，最多时超 100 条采金船，年采砂金占全国产金量的 20% ~ 25%。进入 20 世纪 90 年代，砂金产量逐步下降，目前是砂金生产的低谷。

（3）20 世纪，我国对岩金矿山地下开采的采矿方法进行了大量全方位的研究。其中有破碎矿体开采的充填法，有厚大矿体开采的 VCR 法，有极薄矿脉开采的机械化充填法等，但由于种种原因，很多采矿方法未能保留到现在。然而，此期间发明与应用了一些实用技术，比如人工矿柱与锚杆支护及喷射混凝土等技术。

（4）我国露天开采的岩金矿山数量不多，且经过 10 ~ 20 年开采，都由浅部转入深部，即由露天开采转为地下开采。20 世纪 90 年代末期使用特大型陡帮露天开采技术的紫金山金矿，现在每年产金 10 ~ 12 吨，仍可维持生产 15 ~ 20 年。相信今后会有更多像紫金采选技术那样的露天低品位开采矿山。

（5）黄金地下开采矿技术发展方向：一是扩大充填法的使用范围，并使充填技术不断完善与提高，还要降低采矿损失贫化技术指标；二是研究与应用经济、安全、高效的采矿方法，以适应企业生产与发展的要求；三是不断研制与推广应用实用技术，降低损失贫化，提高经济效益；四是提高矿山机械化作业水平，提高设备的效率及运转率，以充分发挥机械化的效能；五是加强深部矿体开采技术研究，提高地质资源利用率；六是加强与国外同行的合作切磋，吸取经验并不断丰富技术，提高岩金采矿技术水平，以迎接黄金开发与其他矿业开发的新挑战。

第三节　国内选矿自动化技术应用及进展

随着矿产资源的不断减少和矿业市场竞争的日益激烈，如何充分有效地利用有限的资源，提高企业的市场竞争力，实现生产过程信息化、自动化是中国矿业深化改革、技术创新及生产管理上台阶的必由之路。近年来，国内许多大型选矿企业在技术改造中，大力推广电子信息技术应用与信息资源的开发，工业生产过程控制广泛采用了微电子与计算机技术。用新工艺、新技术、新方法开展了创新改造工作，使企业管理信息化、生产过程自动化、设备智能化的水平有了较大提高。很多大企业已从单项开发应用向集成化、综合化发展，向管—控一体化、现代集成制造系统（Contemporary Integrated Manufacturing Systems，CIMS）方向推进，特别是大型选矿企业的整体自动化水平提高较快、绩效明显。

实现选矿生产过程自动化，可提高破碎机、磨矿机台时处理能力，降低生产成本，提高劳动生产率和产品质量，使能耗和原材料消耗显著降低，劳动强度大大减轻。实现选矿生产过程自动化主要包括：破碎、磨矿分级、浮选等生产过程的自动控制。通过计算机网络系统实现在线优化生产调度和管理，使整个选矿生产过程处于最佳状态，最大限度地提高产量、精矿品位和金属回收率等技术经济指标，达到高产优质、节能降耗的目的。

一、破碎流程自动控制

近年来，新型破碎设备及其控制系统发展很快。国内外众多厂商从产品结构上对该类设备不断地进行改进、完善，取得了比较好的效果，并相继推出众多高效、可靠、节能的新产品。相较而言，由于受自动化发展水平的影响，国内在破碎机控制方面的研究相对落后。近十几年来，国外在一些产品上，装备了相应的检测仪表和自动控制装置，在设备保护、稳定操作、提高生产能力等方面起到了一定的作用。

对于国产圆锥破碎机，由于其排矿口尺寸不能动态调整，生产中采用固定排矿口，定期进行人工重新调整的方法来控制产品粒度。控制系统主要选取主传动电动机的功率（或电流）作为被控参数，控制策略一般采用恒功率或优化功率方式，动态调整给矿机给矿量的大小，使主机的负荷稳定在设定的要求之内；同时，检测破碎机润滑系统的温度、压力、流量等参数，具有完备的保护功能。

二、磨矿分级流程自动控制

在选矿工艺中，磨矿分级作业是一个必不可少的重要工艺环节，其工作状态的好坏对选矿工艺指标、能源消耗以及生产成本的影响至关重要，直接关系到选矿生产的处理能力、磨矿产品的质量，对后续作业的指标乃至整个选矿厂的经济技术指标有很大的影响。为了充分挖掘磨矿分级作业的内在潜力，寻求有效途径，对磨矿分级自动控制的试验研究具有十分重要的意义。

磨矿分级系统有四个主要的技术指标：球磨机台时处理量、磨矿分级粒度、磨矿浓度和溢流浓度。影响这些技术指标的除了原矿性质以外，还有排矿水量、返砂水量、磨机充填率等因素。

因此，有必要对磨矿分级系统实施自动控制，其目的是提高磨机效率，稳定分级溢流粒度，为选矿作业提供合格的溢流产品。

三、浮选流程自动控制

泡沫浮选法是世界上选别矿物原料最主要的方法，泡沫浮选作为一种工业规模的选矿技术至今已有 100 多年的历史，是相对成熟的磨矿分级智能控制技术，浮选自动控制发展相对滞后，基本采用闸板阀和锥阀现场调节液位，没有建立自动控制系统。随着近几年浮选设备大型化，自动控制技术、检测技术、执行机构的快速发展，浮选机的自动控制得到创新和发展。

1. 加药自动化控制

浮选自动加药控制系统是一种可远距离自动控制及调节的准确定量、定时加液装置，采用程控加药机进行自动给药，可同时控制多个药点的给药量。

药剂添加控制系统主要分为控制部分和执行机构，其中工业中多采用 PLC 进行控制；执行机构主要有电磁阀式和加药泵式两种。由于电磁阀成本较低，维护方便，现场应用最多的是电磁阀式控制。

2. 矿浆液位自动化控制

在浮选作业中，对浮选槽液位和气泡厚度的检测非常重要，对浮选槽的液位和充气量进行控制一直是个难题。近年来在浮选槽检测矿浆液位时，采用浮子式液位变送器的较多，采用超声波测量浮球位移的浮选槽液位计在南非、加拿大、美国等已被应用，国内在铜陵有色金属集团股份有限公司冬瓜山铜矿选矿厂也有应用。

3. 浮选柱自动控制系统

浮选柱与传统的浮选机不同，它不使用机械搅拌装置，没有了剧烈的搅拌，有助于提高选择性及微细粒级矿物的回收率。给入矿浆进入浮选柱，与气体分散系统产生的微小气泡所形成的上升气泡区的方向相反而逆向下降。与气泡碰撞并附着在气泡上的矿物升到浮选柱的顶部，最终达到矿浆（捕集区）与泡沫（精选区）的界面。通过调节浮选柱尾矿管阀的一个自动控制回路，将这个界面控制稳定。浮选柱一般采用三个自动化控制系统来控制：浮选柱界面高度控制系统、冲洗水流量控制系统以及分散器空气流量控制系统。

4. 选矿自动化技术发展趋势

尽管目前国内选矿自动化技术应用还存在很多问题，但可以看到，中国选矿自动化还是取得了很大的进步。随着电子技术、控制技术、计算机技术等的不断发展，以及矿山对选矿自动化的重视，在激烈的矿业市场竞争压力作用下，中国选矿自动化技术将得到迅速的发展。

（1）矿山专用检测仪表的研究与开发。利用电子技术方面的一些最新成果，如新型传感器代替原有的检测方式；采用高分辨率、低噪声的半导体传感器及剥谱技术，研究开发新一代载流品位分析仪，解决相邻元素和低含量元素的测定，提高仪器的使用性能，扩大仪器的应用范围。

（2）自动控制理论和方法的改进以及先进控制软件的开发。自动控制理论和方法的主要发展方向是人工智能技术。人工智能技术是神经元网络、模糊控制、专家系统及其相结合的智能控制系统，近年来在工业自动化中得到多方面应用。现在控制理论和人工智能几十年来的发展已为先进控制技术奠定了应用理论基础，控制计算机尤其是 DCS 的普及与提高为先进控制（APC）的应用提供了强有力的硬件和软件平台。人们不再停留在传统 PID 控制策略，逐步发展了串级、比值、前馈、均匀、预测估计、专家系统、模糊控制及最优控制等复杂控制系统。这些控制方法在很大程度上满足了单变量控制系统的一些特殊控制要求，但并不能适用所有的过程和不同的要求。

先进的控制理论和控制软件在选矿自动化的应用，必将大大推动选矿自动化的发展。模型预测控制（MPC）、智能控制（IC）、优化控制，这几种控制方法将成为选矿过程控制的主要发展方向。

（3）向"数字化矿山"发展。随着计算机技术、网络技术和自动化技术的发展，矿山行业信息化应向综合化、智能化和多功能化方向发展。从行业实际出发，需要把以信息技术为核心的"数字化矿山"作为行业信息化的目标和方向。矿山行业信息化的解决方案包括生产调度、安全生产监控、采矿地质、经营管理等；加大矿山企业管理信息化的试点和推广，实现精细化管理；加强统筹规划，逐步实现企业内各职能、各环节、各系统之间的信息流互联互通，有效解决"信息孤岛"问题；培育和完善矿山信息化产业链条，加大行业专用软件的研发力度，在行业内部加快培养和引进 IT 专业人才。

第四节　黄金冶炼技术的发展方向

金的化学性质非常稳定，通常情况下不与酸、碱反应，但与混合酸和一些特殊试剂反应生成可溶性配合物。

从含金矿石中提取金的方法有多种，如重选法、浮选法、氰化法、非氰化法和混汞法等，具体选择哪种方法取决于矿石的化学组成、矿物组成、金的赋存状态及对产品的要求。

一、重选法

重选法是一种古老而重要的选金方法。根据矿石中矿物颗粒的密度差，在流体介质（如水）中进行分选。

重选法不仅是砂金矿石的传统分选方法，也是目前对含有游离金、品位极低的物料进行粗选的方法之一。重选不消耗药剂，对环境无污染，设备简单，能耗低，易于操作和管理。其缺点是对微细粒矿石的处理能力小，分选性差，因此只能作为辅助手段。

二、浮选法

浮选法是在矿浆中添加化学试剂，并通入空气，经强力搅拌产生气泡，相关矿物附着在气泡上与其他矿物分离。金为亲硫元素，常与金属硫化物共生。金也常呈自然金形式产出，而硫化物和自然金为易浮矿物，可浮性较好。浮选法主要用于处理含金硫化物脉金矿。

三、氰化法

氰化法的原理是，金首先被氧化成 Au^+，然后与 CN^- 络合生成 $[Au(CN)_2]^-$ 进入溶液。

金的氰化反应早在 1846 年由 Elsner 通过试验提出，从 1887 年开始用于从矿石中浸出金。以后，氰化法逐渐得到广泛应用，并且很快取代了其他工艺，成为湿法提金的主要方法之一。目前，世界新建提金厂中约有80%都采用氰化法。

强化氰化浸金新技术主要有：管道化加压氰化法、富氧氰化法、碱液热压氧化—氰化法、超声波强化法、加压氧化分解法（加压酸浸、加压碱浸、加压中性浸出）、微生物氧化分解法、超细磨法和磁场强化法等。其中，超细磨法、细菌预氧化法等预处理工艺研究较多。

1. 氰化助浸工艺

氰化助浸工艺主要有富氧浸出和液相氧化剂辅助浸出，如添加过氧化氢或高锰酸钾、氨氰助浸、加温加压助浸、加 Pb（NO_3）$_2$助浸等。

（1）富氧浸出和过氧化物助浸。添加氧化剂可提高金的浸出率，缩短浸出时间，减少氰化物消耗。因此，在氰化浸出过程中，通过改善供氧条件，如加大充气量、充氧、加氧炭浸和加氧树脂浸出等提高矿浆中溶解氧的含量，从而提高金的浸出效果。

PAL 法（Peroxiede Assistant Leaching）即在氰化浸出矿浆中加入经稀释的过氧化氢作为溶金反应的供氧源，这是近年来出现的氰化提金强化措施中比较好的方法之一。采用此法，金的浸出率可达到98%以上。

（2）氨氰助浸。在氰化时加入氨，使 Au 在形成 Au（CN）$_2^-$ 的同时生成铜氨配离子 Cu（NH_3）$_4^{2+}$，有利于金的浸出和铜的沉淀，而且使氰化物得到有效利用。澳大利亚某公司研发出直接用 Cu（NH_3）$_2$（CN）$_2$配合物代替 NaCN 作为铜金矿石的浸出剂，金得到有效浸出。

（3）加温加压助浸。将压缩空气以射流状态均匀弥散到矿浆中，形成强力旋搅，使固、液、气三相充分接触，使浸出所需的氧气和氰化物迅速扩散到矿物表面并发生氰化反应。加温加压可缩短浸出时间，显著提高金浸出率。

1978 年，联邦德国鲁奇化学冶金公司研究了加温加压—管道氰化浸出工艺，浸出 15 min，金浸出率即达94% ~96%。

（4）加 Pb（NO_3）$_2$助浸。浸出过程中加入 Pb（NO_3）$_2$，不但可使钝化的金粒表面恢复活性，还可沉淀可溶性的硫化物及其他金属离子，从而提高金的浸出率。

（5）机械活化浸金。机械活化就是在磨矿的同时加入浸金剂进行氰化浸出。球磨能使金粒充分暴露且保持新鲜。在细磨过程中，机械作用可导致矿物发生物理化学性质的变化，不仅能改善浸出状况，缩短浸出时间，也能提高浸出率。

2. 堆浸工艺

堆浸技术早在300 多年前就已应用于处理低品位铜矿资源。20 世纪60 年代后期，美国矿务局研究出用堆浸法从低品位金矿石中提取金，20 世纪70 年代后期，堆浸技术在世界范围内得到广泛应用。通常，由于矿石平均品位低，堆浸浸出率较低（50%～70%），但由于堆浸为大规模生产，而且可通过改进制粒和喷淋方法，强化微生物作用，添加强化试剂、纯氧等多种措施，以及基建投资少、能源消耗低等特点，仍有较高的经济效益。

另外，浸出设备的改进也可提高浸出率。浸出槽有机械搅拌槽和空气搅拌槽，目前，氰化厂一般采用机械搅拌槽，且采用双叶轮搅拌以及大直径低速叶轮搅拌。最好的搅拌器是采用按流体力学设计的弧形变形截面的叶轮，因为它电耗少，搅拌效果好。

堆浸法工艺成熟，流程简单，成本低，但是对矿石适应性差，浸出速度慢，周期长，氰化物耗量高，废液严重污染环境，且易受铜、铁、铅、锌、硫和砷等杂质的干扰。

四、非氰化法

近些年来，非氰化提金技术有了很大发展，有些已在生产中得到应用。近几年来，研究较多的有硫脲法、硫代硫酸盐法、多硫化物法、氯化法、石硫合剂法、硫氰酸盐法、溴化法和碘化法、其他无氰提金法等。

1. 硫脲法

硫脲提金工艺是最有可能取代氰化法的工艺之一。硫脲提金方法较多，常见的有硫脲铁浆法、硫脲炭浆法、离子交换树脂法、锌粉（铝粉、铅粉）置换法、电积法、溶剂萃取法等。

工业上应用较多的是硫脲铁浆法、锌粉（铝粉、铅粉）置换法。用硫脲提金，溶金速度快，比氰化法快4～5倍，可避免浸出过程中出现钝化现象；选择性高，对一些难选难浸矿石浸出率高。缺点是它不适宜处理含碱性脉石较多的矿石，而且价格较贵，从贵液中回收金的工艺尚不成熟。硫脲浸金的基本反应式为：

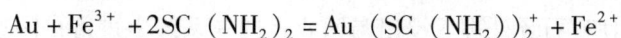

$$Au + Fe^{3+} + 2SC(NH_2)_2 = Au(SC(NH_2))_2^+ + Fe^{2+}$$

在酸性介质中，Fe^{3+}作氧化剂，金与硫脲形成配合物。硫脲—金配合阳离子适于用溶剂萃取法和离子交换法回收。硫脲铁浆法是在浸出的同时向矿浆中插入铁板或铁棒置换金，定期提取铁板并将表面金泥洗掉后再重复此过程。它与炭浆法都是在浸出的同时进行置换，有利于缩短流程，缺点是酸耗和置换材料消耗高。

传统的硫脲提金工艺中采用电动搅拌或磁力搅拌，硫脲不稳定，易氧化分解，而且浸出时间长，设备腐蚀严重。目前采用强化技术可以解决这些问题，如磁场强化硫脲提金技术和超声波强化硫脲提金技术。

磁场强化硫脲提金技术是将外加磁场作用于硫脲浸金过程中，使浸出体系的物理化学性质发生变化，促进药剂与矿物的相互作用。利用超声波强化多相扩散体系，可减小体系的表观活化能，明显缩短浸出过程，降低溶剂用量。

2. 硫代硫酸盐法

硫代硫酸盐浸出法是基于碱性条件下，金能与硫代硫酸盐形成稳定的配合物 $Au(S_2O_3)_2^{3-}$。为防止 $S_2O_3^{3-}$ 分解，常加入 SO_2 或亚硫酸盐作稳定剂。研究表明，在 Cu^{2+} 催化作用下，金的溶解速度可提高 $17 \sim 19$ 倍。该法特别适于处理含铜、锰、砷的难处理金矿石及碳质金矿，如美国 Newmont 公司于 1994 年发明的用硫代硫酸铵堆浸含碳质组分的金矿石。该法速度快，无毒，对杂质不敏感，金浸出率高，但硫代硫酸盐耗量高，不稳定，所以至今尚未推广应用。

3. 多硫化物法

利用含多硫螯合离子 S_2^{2-}、S_2^{3-}、S_2^{4-}、S_2^{5-} 的多硫化物与合适的氧化剂，通过多硫离子自身的歧化作用与金反应生成配合物。多硫化物一般为多硫化钠、多硫化钙、多硫化铵等。该法适于处理含砷、锑的含金硫化矿精矿。多硫化物法的特点是选择性强，浸出速度快，浸出周期短，金浸出率高达 $80\% \sim 99\%$。该法的缺点是热稳定性差，分解产生硫化氢和氨气，对环境有污染，对设备密闭性要求高。

4. 氯化法

氯化法始于 19 世纪中叶，后来因氰化法的出现而较少使用，自 20 世纪 70 年代起，才又重新得到应用，并发展出了高温氯化挥发焙烧法、电氯化浸出法等。氯化法利用的是氯的强氧化性。在金—氯—水体系中，金被氯化而发生氧化并与氯离子配合进入溶液，故也称水氯化法。

氯在浸出过程中既为氧化剂又为络合剂。所采用的氯化物主要是氯气、次氯酸、氯酸盐等。氯化法有多种形式，如空气氧化—氯化浸金法，处理含砷碳质金矿，金浸出率达 94%；焙烧—氯化浸金法，金浸出率达 98%，比直接氯化浸金法高 4%；炭氯浸金法，可使矿石预处理、浸出与回收在同一系统中进行；闪速氯化法，对传统的水溶液氯化法进行改进，使通入的氯气高度分散，可提高 6% 的金提取率，并降低 25% 的氯气消耗；电化学氧化法，在矿浆中加入氯化钠然后通电，利用电解产生的次氯酸盐使碳质矿石氧化。水氯化法的最大优点是浸出速度快、浸出率高、原料丰富、价格便宜，但其主要问题是，在处理硫化矿时会有一部分或大部分硫化物溶解，使后面处理工序复杂化；对生产环境有影响，对设备腐蚀严重，氯气消耗量大。干氯化法即高温氯化法，它是在高温条件下使金与氯作用形成易挥发的 $AuCl_3$，通过冷却收尘，烟尘采用常规水冶法提金，对含微粒金的难选冶多金属精矿有一定作用，但尚需解决回转窑结窑、成本高等问题。

5. 石硫合剂法

石硫合剂法的原理是电化学—催化原理。该法为我国首创，可浸出含碳、砷、铜、锑、铅等的难处理矿石。所用试剂为廉价的石灰或 Ca（OH）$_2$ 与硫黄及适当添加剂的混合物，常温常压下，在碱性介质中与金形成稳定的配离子，实际上是多硫化物浸金与硫代硫酸盐浸金的联合作用，具有无毒、浸金速率快、对设备和材质要求不高等优点。

6. 硫氰酸盐法

硫氰酸盐具有溶解金的能力。在酸性条件下，以 MnO_2 作氧化剂，SCN^- 作配合剂，利用 SCN^- 与 Au 的较强的配位能力，MnO_2 可先将 SCN^- 氧化为可溶于水的（SCN）$_2$，然后由它再将金、银氧化成可溶性配离子。此法金浸出率高，反应速率快，不污染环境。

7. 溴化法和碘化法

金在溴—溴化物溶液中的溶解反应为：$2Au + 3Br_2 = 2AuBr_3$。

溴—溴化物浸出与氯—氯化物浸出相似。美国曾于 1881 年发表了有关用溴—溴化物提金工艺专利，但是直到近些年由于环保和矿石性质变化等原因，此工艺才又得到重新研究。

如澳大利亚的溴化浸出 K 法，金溶解能力是王水的 5 倍，可在中性条件下从矿石中浸出金，但目前仍处于试验研究阶段。

溴化法的特点是浸出快，金回收率高，试剂无毒，药剂费用与氯化法相差不大，对 pH 变化的适应性强，环保设施费用低，试剂可循环利用。在处理难浸金矿石时，省去了预中和处理工序，是一种极有前途的绿色提金工艺。

碘是一种氧化性很强的氧化剂。金在碘化物—碘溶液中的电化学反应为：

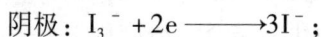

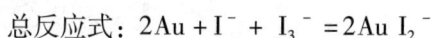

阳极：$Au + 2I^- \longrightarrow AuI_2^- + e$；

阴极：$I_3^- + 2e \longrightarrow 3I^-$；

总反应式：$2Au + I^- + I_3^- = 2Au I_2^-$

金碘配合物的强度比金氰配合物的差，但比溴的、氯的、硫氰化物的、类氰酸盐的强。与氰化物相比，碘无毒，适用 pH 范围宽，可在低浓度下从矿石中浸出金。但碘价格昂贵，生产成本高。

8. 其他无氰提金法

随着金矿石品位的降低，人们一直在寻求由多组分匹配的混合氧化—配位浸金药剂，以替代过去的单一浸金试剂，并取得了一些成果。

美国专利公布，使用一种硫酸溶液，其中含尿素约 2 g/L，硫脲约 2 g/L，$Fe_2(SO_4)_3$ 约 3 g/L，以及木素磺酸钠约 1 g/L，pH 1~1.5，对原矿（3 g/t）进行浸出，浸出时间 2~6 小时，金回收率约 98%。

五、混汞法

混汞法是一种传统的提金方法。基于矿浆中单体金粒表面和其他矿粒表面被汞润湿性的差异及汞继续向金粒内部扩散生成金汞合金，使金粒与其他矿物及脉石分离。混汞后刮取汞膏，经洗涤、压滤和蒸汞等使汞挥发而获得海绵金。蒸汞时挥发的汞蒸气经冷凝回收后，可返回使用。该法简便，经济，适于粗粒单体金的回收。由于环境保护日益严格，混汞法已为重选法、浮选法和氰化法等所取代，目前已少有应用。

六、结论

黄金冶炼方法很多，但无氰浸出剂尚未得到广泛应用，氰化法仍为当前提金的主要方法。对于低于品位金矿石，将细菌氧化与氰化堆浸技术相结合，可强化氰化工艺，提高生产效率。矿石预处理虽然有效，但增加了工艺的复杂性和生产成本。浸金试剂对金矿石的适应性也影响了工艺的工业应用。所以，根据金矿石资源特点开发新工艺仍很必要。

第五节　我国黄金难选冶矿石预氧化技术研究

难处理金矿也被称为难选冶金矿，一般是指采用常规氰化法提取金时金的直接浸出率低于80%的矿石。难处理金矿的金以极微细的状态被硫化物、砷化物、脉石包裹，或在浸出金的过程中被砷、锑、有机碳等有害物干扰，不经过预处理则不适宜直接氰化的矿石。矿石中的金或为物理包裹、或为化学结合、或为化学覆盖膜包裹，因而不能被有效提取。

随着金矿资源的大规模开采，富矿和易处理矿石逐年减少，难处理矿石已成为黄金工业的主要矿石资源。因此，世界各产金国都非常重视难处理金矿石生产工艺的研究。这类矿石通常为含砷硫化物包裹型、碳质型矿石。

含砷硫化物包裹型矿石在氰化物溶液中有较高的溶解度和溶解速度，但溶解产物易在金粒表面形成致密薄膜，阻碍金的浸出。对此类矿石的预处理方法有火法和湿法。碳质型难浸金矿石中含有的天然碳质物质会优先吸附金氰络合物，目前比较普遍采用氧化法、炭浸法以及抑制法等处理。

在用氰化物处理含铜金矿石时，铜、金与氰化物竞争配合导致氰化物大量消耗，而铜对炭吸附金也有一定影响。含金矿石的预处理方法主要是焙烧氧化法、生物氧化法和化学氧化法等，也有的直接强化氰化加压浸出法、炭浸法。非氰化法有硫脲浸出法、水氯化浸出法、硫代硫酸盐浸出法等。

我国难处理金矿资源比较丰富，现已探明的黄金地质储量中，约有 1000 吨属于难处理金矿资源，约占探明储量的 1/4。难处理金矿资源所占比重较大，而且已投入大量地勘资金而探明的难处理资源得不到开发或开发利用程度低。针对存在的问题，诸多矿山企业和科研院所已将注意力转向含砷、含碳、微细粒包裹型难处理含金物料的开发利用上，力求突破工艺技术难点，因而可以预见随着预处理技术的工业化推广应用，难处理金矿资源开发利用的前景也将更加广阔。

一、我国难处理金矿的类型

目前我国难处理矿金矿资源大体上可分为三种主要类型：

第一种为高砷、碳、硫类型金矿石，在此类型中，含砷 3% 以上，含碳 1% ~ 2%，含硫 5% ~ 6%，用常规氰化提金工艺，金浸出率一般为 20% ~ 50%，且需消耗大量的 NaCN，采用浮选工艺富集时，虽能获得较高的金精矿品位，但精矿中含砷、碳、锑等有害元素含量高，给下一步提金工艺带来影响。

第二种为金以微细粒和显微形态包裹于脉石矿物及有害杂质中的含金矿石，在此类型中，金属硫化物含量少，为 1% ~ 2%，嵌布于脉石矿物晶体中的微细粒金占到 2% ~ 30%，采用常规氰化提金，或浮选法富集，金回收率均很低。

第三种为金与砷、硫嵌布关系密切的金矿石，其特点是砷与硫为金的主要载体矿物，砷含量为中等，此种类型矿石采用单一氰化提金工艺金浸出指标较低，若应用浮选法富集，也可以获得较高的金回收率指标，但因含砷超标，后续作业难以处理。

二、国内黄金难选冶矿石预氧化技术研究及应用

难处理金矿石采用常规的氰化提金方法直接浸出率仅为 10% ~ 30%，造成难浸的原因主要是微细粒金和包裹金以及矿石中含砷、含碳等有害杂质，此类矿石需进行预处理后才能合理利用。因此所谓的难选冶技术主要是指预处理技术，目前国内应用于工业生产的主要为焙烧氧化工艺和细菌氧化工艺，热压氧化工艺也有应用，

但是较少。

1. 焙烧氧化

焙烧是将砷、锑硫化物分解，使金粒暴露出来，使含碳物质失去活性。它是处理难浸金矿最经典的方法之一，焙烧氧化法是最传统的预处理方法，特别是对含硫、含砷、含碳较高的矿石，这种方法可以自热平衡，可以回收矿石中的硫和铜。该法的优点是工艺简单、操作简便、适应性强，操作费用相对较低。其缺点是该工艺对操作参数和给料成分变化比较敏感，容易造成过烧或欠烧，欠烧时矿石中的含硫和含砷矿物分解不充分，过烧时焙砂出现局部烧死，焙砂的孔隙被封闭形成二次包裹，从而导致金的浸出率下降，焙烧金回收率一般只能达到85% ~90%。焙烧时会产生二氧化硫和三氧化二砷，综合回收不利时，会严重污染大气与环境，随着环保要求的提高，焙烧前期投资费用大幅度增加，废气治理成本提高，此方法受到湿法预处理方法的挑战。

随着技术的进步和市场的需求，近十几年来开发出的两段沸腾焙烧、原矿循环沸腾炉焙烧以及正在发展的热解氧化焙烧法、闪速焙烧法、固化焙烧及微波焙烧法都以解决环保、降低能耗、提高浸出率和增加焙烧强度为目的。其中含金砷黄铁矿——黄铁矿矿石中加石灰石焙烧，可控制砷和硫的污染；加碱焙烧可以有效固定S、As等有毒物质。美国发明的在富氧气氛中氧化焙烧并添加铁化合物使砷等杂质进入非挥发性砷酸盐中，国内研发的用回转窑焙烧脱砷法，哈萨克斯坦研发的用真空脱砷法以及硫化挥发法，微波照射预处理法，俄罗斯研发的球团法等都能有效处理含砷难浸金矿石。新技术使此方法在近几年得到了新的发展。

2. 生物氧化

生物氧化预处理是利用自然界的微生物，优选出嗜硫、铁的浸矿菌种。经过适应性培养、驯化，在适宜的环境下，利用微生物的直接作用和代谢产物的间接作用，直接和间接地氧化、分解硫化矿晶体，把金的包裹体——黄铁矿、砷黄铁矿破坏使金充分暴露解离，为氰化提金创造了有利条件。同时，在生物氧化过程中产生的有害元素经石灰铁盐法沉淀后堆存，不会对环境和大气造成污染。

生物氧化工艺在20世纪80年代得到了广泛研究，其最初用于从含铜废石中浸出铜，之后推广于难选金矿的预处理。在适宜的环境下，利用氧化亚铁硫杆菌等的新陈代谢产物直接或间接作用于砷黄铁矿和黄铁矿，使它们氧化和分解，将包裹的金暴露出来，然后再用常规方法回收金。该法主要应用于处理含砷难浸金矿和碳质硫化物金矿。其与焙烧氧化、加压氧化共同成为难处理金矿的三大预处理技术。

在生物氧化过程中，矿石中对环境有污染的有害元素砷、硫等分解成相对稳定的无害盐类，经中和沉淀后可堆存。该法具有资源利用率高，环境污染小，对复杂的含砷、硫、微细包裹型金精矿（或含金矿石）的适应性强，生产操作简单，基建和生产费用低等优点，与堆浸技术相结合，是黄金提取最理想的技术之一。

生物氧化法也存在一些缺点，如氧化作业时间长，不能综合回收伴生的有价元素，工程菌放大周期长等。

应用于黄金工业生产解决难处理金矿石的生物氧化技术，是 20 世纪 90 年代迅速发展起来的环保型高新技术。金的浸出指标达到 90% ~ 95%。

3. 热压氧化预处理技术

热压氧化预处理技术分为酸性热压氧化和碱性热压氧化两种。酸性热压氧化基于在高温高压下，黄铁矿、毒砂等硫化矿物与氧发生反应，使矿物结构发生变化的机理，通过在酸性介质中的高温、高压下的一系列反应，使被包裹的金暴露出来，达到氰化浸金的目的。碱性热压氧化由于仅适用于碳酸盐含量高、硫化物含量低（<20%）的难处理金矿石，因而，相较而言，酸性热压氧化工艺的应用较为广泛。

热压氧化工艺的优点在于黄铁矿和毒砂的氧化产物都是可溶的，因此，无论金颗粒多么细都会被解离，金的回收率较高。许多难处理金精矿经加压浸出后，浸出率高达 98% 以上，同时该工艺可以直接处理原矿，这对于不易于浮选富集的金矿石而言更加有效。

由于采用的是湿法工艺流程，不会带来烟气污染问题。缺点是设备的设计和材质要求很高。由于压力操作及设备的防腐问题会带来一定的危险，操作和维护水平的要求更高；另外，基建投资费用较高，因而只有建设大规模处理厂，经济上才比较合理。

4. 其他预处理方法

石灰—压缩空气预处理法可以替代焙烧氧化法，用以处理含黄铁矿和砷黄铁矿的金矿石，能使砷形成惰性组分留在残渣中。

中南大学开发的 $Na_2Cr_2O_7$ 浸出法和常压催化氧化法，在硫酸介质中处理含砷难浸金矿石，脱砷率在 95% 以上。

加拿大 Queen 大学研制出一步浸出工艺，即在高压釜内加酸性次氯酸盐溶液直接浸出，金的浸出率达 97% 以上。该法省去了中和与氰化工序。

在强碱 NaOH 介质中，利用氯气对矿浆进行电解氧化可处理含砷和碳质矿石，使包裹在硫化物中的细粒分散金得以解离。

炭浸法和炭氯法是处理碳质难浸金矿石的直接方法。炭浸法即在有活性炭存在时对矿石进行浸出。炭氯法是将氯气和活性炭同时加入到矿浆中，金溶解并转化成金氯配合物，然后在炭粒表面还原成金属金。浸出后，从矿浆中筛出载金炭并回收金，金回收率达90%。

5. 结语

从国内外难选冶技术的应用和发展趋势分析，焙烧氧化工艺、热压氧化工艺和生物氧化工艺将成为21世纪难处理金矿资源的基本预处理工艺。焙烧氧化、热压氧化、生物氧化预处理工艺各有其优缺点，在将来的一段时间内三种预处理工艺在工业上将处于并存状态，并都将有新的技术发展和延伸。我们在选择应用一项预处理工艺时，应根据所处理的矿石矿物学特性、矿区地域、环保要求、经济效益等情况进行系统的综合分析，尤其对于来料加工的冶炼企业，由于含金精矿物料来源广泛，矿物种类复杂，在选矿工艺的选择时更要充分考虑原料的市场及工艺的合适性。

第六节 黄金工业资源综合利用

黄金资源可分为天然资源和人工资源。对于天然资源，金经过各种自然过程，在地壳中的某些地方富集，形成了矿床。相比人工资源，以人行为开发矿床中所产生的有含金废物和以黄金为原料的产品（见图1-4）。

废物常常被称为是"不同时间空间内放在错误地点的原料"，这已经是公认的事实。20世纪90年代以来，我国黄金工业含氰废水、尾矿及难处理金矿的综合利用技术得到了快速发展，比如，贫液全循环、Cotl's酸法综合回收氰化物、难处理金矿预氧化及尾渣资源化无害化等综合利用技术，为黄金工业可持续发展做出了突出的贡献。

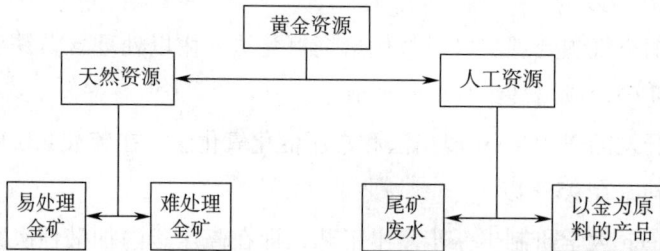

图1-4 黄金资源的分类

黄金工业作为资源性突出的行业，科技对发展循环经济起着重要支撑作用，关键在于如何用少量的费用与能耗，从天然资源和人工资源（废弃物）中分离回收有价物。

一、资源综合利用现状及存在的问题

1. 清洁生产使含氰废水基本实现零排放

人类黄金生产技术，从原始人工淘沙的自然法开始，经历了混汞法、重选法、氰化法、生物预氧化—氰化法、焙烧预氧化—氰化法、压热法等。其中，世界黄金产量的80%是采用氰化提金技术获得的。

虽然氰化物有剧毒，但目前还没有一种适宜的浸金溶剂能够代替，氰化提金工艺至今以及未来几十年内，在黄金生产领域仍将占主导地位。氰化物治理技术也得到了快速发展，比如碱氯法、电化学氧化法、酸化法、自然净化法、离子交换树脂法、活性炭吸附氧化法、因科法、OOT法、过氧化氢氧化法、生物法及全循环工艺等，已应用到工业实践中。其中，资源综合利用领域最有效的方法是全循环工艺，但实现全循环工艺需要两个必要条件：一是废水循环后氰化工艺水量平衡；二是废水循环不至于使浸出液中各种杂质浓度积累到影响氰化指标的程度。既然废水中杂质（Cu、Pb、Zn、Fe、有机物等）积累后会影响金的回收率，从这些杂质中综合回收有价元素更有必要，从而提高氰化指标，实现经济、环保双重效益。

2. 开发难处理金矿资源有了一系列重大突破

我国的难处理金矿资源储量丰富，近年来业内专家普遍分析认为，在1000～1200吨。尽管每年都有一定程度地被开发利用，但随着开发，深部的资源又被不断地探明，所以国内的难处理金矿资源在探明的保有储量中，所占的比例一直被认为在1/3左右。

难处理金矿石的开发利用的生物氧化、压热氧化、焙烧氧化预处理工艺，目前已填补了工业生产的空白。

传统焙烧工艺是国内最早应用于复杂金精矿的预处理工艺，较早建成并正常运行的焙烧厂有五座（中原黄金冶炼厂、山东招远国大、牟平东方、辽宁新都、灵宝黄金冶炼厂），总生产能力达1100吨/d左右，但所采用的工艺都为一段焙烧氧化提金工艺，有许多技术环节尚需在工业生产中进行调整。2002年，山东国大黄金冶炼厂与南京化工研究院和北京矿冶研究总院合作，在原100吨/d系列的一段焙烧基础上，进行了两段沸腾焙烧工艺的改造。由于该项目的二段焙烧分别在两台沸腾焙烧炉内进行，最大限度地实现了综合回收目的。

3. 尾矿浆资源的综合开发利用

（1）尾矿资源的综合利用意义与技术特点

尾矿是黄金选厂的主要固体废弃物，氰化选厂几乎100%的矿石都变为废弃的尾矿，浮选与混合选矿工艺的排出物大部分也是尾矿，所以，选厂尾矿是黄金行业主要固体废弃物之一。我国许多大中型黄金矿山均有较长的生产历史，从几十年到上百年不等，尾矿资源十分丰富。20 世纪 70 年代前，黄金生产由于受产业政策、技术装备、选冶工艺及资金等因素的制约，资源的综合利用水平程度普遍低，浪费现象十分严重，导致一些尾矿中金属含量较高、回收率低。同时，由于过去国内非金属矿产资源的开发应用研究不够，用途不广，多作为尾矿排放，因此老尾矿有较高的综合利用价值。

尾矿资源综合利用技术特点如下：建设周期短，投资少，见效快；可以进行大规模生产，成本较低；综合回收各种有价元素和非金属元素；缓解矿山资源紧张的矛盾，延长企业服务年限等。若将这部分尾矿资源进行综合开发利用，可实现经济效益、社会效益及环境效益的统筹兼顾。另外，一些生产周期较长的矿山，均不同程度地出现了资源危机，如能对有利用价值的老尾矿进行综合开发，对缓解矿山的资源短缺，延长生产寿命，会起到至关重要的作用。

为了使尾矿资源得到快速综合利用，国内外研制出了许多相应的先进设备，比如尼尔森选矿机和法尔肯选矿机。同时，国内近些年也大力开发了重选设备，比如 KXT 系列跳汰机和 STL 型水套式选金机等。虽然与国外的同类设备相比，在处理量和自动化程度上有一定的距离，但跳汰—水套选金的集成技术，已达到了国际先进水平。为尾矿资源的综合利用，开辟了一条可行之路。

（2）应用效果

①金银的回收：在我国 20 世纪 70 年代前建成的黄金矿山，选矿厂大多采用浮选、重选、混汞—汞选或重选—浮选等传统生产工艺，技术装备水平低、生产指标差、金的回收率低。尾矿资源的二次利用，生产成本低，不再需要采矿、破碎和粗磨矿作业。同时金价上升，有较高的回收价值。国内的夹皮沟矿业有限公司、银洞坡金矿及湘西金矿等率先利用尾矿回收金，企业得到了可观的经济效益。

②伴生金属元素的综合回收：在我国许多黄金矿山中均含有可以综合回收的伴生元素组分，如铅、铜、锌、硫等，然而矿山一般仅注重金银的回收，对其他金属元素仅顺带回收，不再采取更多的回收措施。特别是矿山初建阶段，伴生有价组分一般都随尾矿流失。据调查，有些采用浮选—精矿氰化工艺的选厂，浸渣中有价元素含量一般高于最低工业品位，甚至是最低工业品位的两倍以上。为此，金厂峪、三山岛金矿、银洞坡金矿、湘西金矿及辽宁五龙金矿等均对选矿生产工艺进行了改造，以便回收伴生有用组分，并取得了显著的经济效益。

还有，有些尾矿砂含有较高的氧化铁和氧化铝，经加工可生产出铁红、聚合铝、聚合铁等新型絮凝剂，是一种物美价廉的半成品原材料。山东某地尾砂含铁在20%～30%之间，在回收金的同时，生产纳米氧化铁，成为高效益企业。某些含铝较高又含铁的尾砂，可成功地生产水处理剂，如氧化铝含量大于30%时，就能制备PAFC聚合铝铁净水剂，原料不过是尾砂、工业盐酸、工业碱。这些技术的使用，进一步有效地推进了固体废物处理的技术政策的执行，即减量化、资源化、无害化。

③硫与氧化砷的回收：有些金矿含有较多的硫和砷的氧化物，是生产硫酸和砒霜的原料。精矿金提取后，进一步提取硫和砷的氧化物，会得到经济效益很好的副产品。硫是产生 SO_2 大气污染物的源物质，生产中含硫物质放在环境里就会产生大气污染。所以，利用含硫固体废物生产硫酸，会从源头上减少 SO_2 大气污染物的排放；同时，生产的硫酸各行各业广泛使用，销售收入会给企业带来一定的经济效益。若能提取单质硫也会产生效益，因为单质硫也是很好的工业原材料。山东烟台这类资源利用率较高，也得到了比较好的收益。

近10年来，含砷金矿得到了开发利用，除了传统的火法之外，湿法生化冶金技术迅速成熟。生产过程中的副产品有 As_2O_3、$Ca_3(AsO_4)_2$ 等物质。砷化合物是剧毒物质，As_2O_3 是毒药砒霜。无论砷化物在水中还是在大气中都有强烈的毒理作用。所以，这些副产品在生产时必须回收。现在的回收技术还有待提高，不能停留在仅回收 As_2O_3 的水平上，如提取单质砷可生产光敏半导体材料等，目前有市场需求，只要开发出合理的工艺技术，在经济效益上会得到回报。

④非金属元素的综合利用：通常，尾矿中所含的主要矿物成分有硅酸盐、硅铝酸盐、石英、黄铁矿、斜长石等物质。黄金的尾矿在矿物组成与化学成分上，和建筑材料、陶瓷、玻璃等十分相近，这就为尾矿的综合利用提供了科学依据。常见的综合利用主要有以下几个途径：井下充填材料；水泥配料；建筑原料；建筑材料；建筑装饰材料。

总之，我国含金尾矿资源量大、分布广。若能综合开发利用这部分资源，将会产生可观的经济效益和社会效益。这不仅可以解决部分老矿山的资源短缺问题，同时可增加黄金产量。这对于推动我国黄金工业的可持续发展，具有重要而积极的意义。经预测，对老尾矿进行综合开发利用，年处理规模300万吨，可获经济效益5000多万元。

二、黄金工业循环经济的作用及趋势

在未来30～50年里，黄金工业资源综合利用和环保领域，将会继续出现重大原始性创新突破，很有可能在生物技术、膜技术、资源与环境科学、新材料、信息科技与系统科学，乃至社会科学之间的交叉领域，形成新的突破。综观当今科学技术，对发展黄金工业循环经济的作用及发展趋势，呈现出以下特点：

1. 资源综合利用领域里科技创新、转化和产业化的速度不断加快

随着黄金工业的快速发展，黄金生产技术日新月异，科研成果转化为现实生产力的周期越来越短，技术更新速度越来越快。20世纪前，人工淘金延续了3000年。到了20世纪，生物技术应用到黄金生产不到30年，集成电路仅用了7年的时间在黄金生产领域得到应用。

进入21世纪，生物技术、膜技术、微波技术、纳米材料等本属于基础研究的成果，有的早在黄金生产领域申请了专利，很多科学研究成果迅速转化为产品，进入黄金生产领域和二次资源再生领域。同时，原始科学创新、关键技术创新和系统集成的作用日益突出，黄金生产领域的竞争，已从应用科学前移到基础科学的原始创新阶段。原始创新能力、关键技术创新和系统集成能力，已经成为一个国家开发黄金资源的竞争核心，成为决定全球黄金资源产业分工地位和全球开发黄金资源格局的基础条件。

2. 科技发展呈现出的群体突破态势推动黄金生产力发生巨变

黄金生产技术从原始的人工淘沙开始，经历了混汞法、氰化法、生物预氧化法、焙烧预氧化法、压热法等，但目前和未来几十年氰化法仍将占主导地位。实现黄金工业的可持续发展，必然以当代科学发展表现出的群体突破态势为支撑，尽管目前黄金生产技术与其他行业相比，局部环节上技术力量不够雄厚，且大量现存的黄金资源品位低、成本复杂，同时黄金生产中产生的污染物与其他行业相比毒性大、浓度高、成分复杂及难降解等。因此，已不能依靠一两门科学技术来实现黄金工业的节能环保水平，更不能够实现我国黄金工业又好又快发展的目标，而是要依靠信息科技、生物技术、膜技术、新材料与先进制造技术、新能源与环保科技等，构成新的高科技群体，这表示黄金生产技术进入了一个前所未有的创新群体集聚时代。

与此同时，虽然当代行业体系的特点是构成不同、功能各异，但是它们相互联系，彼此渗透交叉，整个行业群体构成了协同发展的复杂体系。

这种发展趋势，正是因为客观世界本身就是统一的复杂体系，黄金科技在向微观层面和宏观层面深入的同时，也越来越关注复杂系统的研究。而对社会系统、经济系统、生命系统、生态系统、网络系统的研究，将对黄金工业的循环经济、社会和人与自然的协调发展和科技的进步产生重大影响。

3. 低品位难处理金矿资源和尾矿资源成为21世纪的主要黄金资源

目前，随着黄金工业的发展，我国黄金矿产资源也逐渐呈现"三多三少"的局

面，主要体现为贫矿多，富矿少；中小型矿床多，大型矿床少；共伴生矿多，单一矿种少。另外，从物质不灭定律和人类开发利用生态环境赖以生存的角度分析，所有的固体废物都可以再利用，参加下一个物质循环。因此，从这一观点看，黄金生产排出的各类固体废物本身，都有明显的资源特性。通过技术攻关，解决以上两种资源的有效利用问题，扩大可工业利用资源范围，是当前缓解供需矛盾最有效的途径。

4. "城市黄金矿山"的建立缓解黄金供需矛盾

当代黄金尤以用可再生资源为原料生产黄金的领域发展最快，所谓"城市黄金矿山"就是城市黄金资源回收中心，将城市中的人工黄金资源资源化和再生化，是建立城市黄金矿山的关键。人工资源与天然资源相比，不同的是有价组分含量极低，而且大多要运送到收集场和处理场中，并且难以物理分离和富集。

因此，从制品设计、制造和废弃物处理的观点出发，开发出高效的分选技术，也是黄金工业从业者的重大责任。"城市黄金矿山"的建立，可在很大程度上缓解黄金供需矛盾，对发展循环经济意义重大。

据有关部门预计，在未来几年，我国每年报废电冰箱 400 万台、洗衣机 500 万台、电视机 500 万台，电脑也将进入更新换代高峰期，电脑报废数量呈逐年上升趋势。目前，我国还没有专业的、大规模的企业从事废旧电器的回收利用。一些私人和小企业，采用酸泡、火烧等落后的工艺流程提炼其中的贵金属（金、钯、铂等），产生了大量废气、废水和废渣，严重污染了环境。据国外研究报告，1 吨电路板卡，可分离出 1 磅黄金、44 磅锡、286 磅铜。妥善处理电子垃圾，变废为宝，成为当务之急。目前，国内黄金冶炼能力过剩，都卷入了原料争夺战。通过信息科技和公众参与，引导企业建立国内、国外回收废旧电器的网络和渠道，自行研究开发符合环保要求、经济、高效的废旧电器综合回收利用技术和装备，把废旧电器回收利用，纳入规模管理和动作的轨道，既能解决环保问题，也可扩大黄金资源范围。

三、结束语

随着我国经济规模进一步扩大，黄金资源供需矛盾和环境压力将越来越大。实现黄金工业循环经济的关键，在于如何用少量的费用与能耗，从天然资源和人工资源中分离回收有价物质。目前，虽然从难处理金矿、含氰废水及尾矿中综合回收金、银、铜及氰化物取得了重大突破，但还有很多伴生金属元素和非金属元素尚未得到有效回收利用。

未来黄金资源的综合利用，应着重考虑通过科技手段从低品位复杂金矿、尾矿及废旧电器等资源中综合回收贵金属、金属及非金属；同时，污染物综合治理应主要采用源头治理、过程控制及清洁生产等先进技术，其中重点发挥高科技群体的集成作用。只有尽可能地将黄金资源在这个不断进行的经济循环中得到合理和持久的利用，才能把黄金生产活动对自然环境的影响降到尽可能小的程度。

第二章 白银矿产、最新技术及研究

第一节 我国银矿资源分布特点

我国是世界上主要产银的国家之一。我国银矿资源丰富，分布广泛，且成矿条件好。大体的特点有：产地分布广泛，储量相对集中；伴生银资源丰富，产地多，但贫矿多，富矿少；大中型产地少，占有的储量多，小型产地多，占有的储量少；银多与铅锌矿共生或伴生。

一、产地分布广泛，储量相对集中

全国已探明有储量的产地有 569 处，分布在 27 个省、市、自治区，储量在万吨以上的省有江西、云南、广东；储量在 5000～10000 吨的省（区）有内蒙古、广西、湖北、甘肃，这 7 个省（区）的储量占了全国总保有储量的 60.7%。其余 20 个省、市、自治区的储量只占全国总储量的 39.3%。

二、伴生银资源丰富，产地多，但贫矿多，富矿少

我国伴生银资源丰富，1995 年保有储量 66146 吨，占当年银总保有储量的58%，尚有一部分矿区未进行银的分析或未计算储量，伴生银矿储量实际上应更多些。全国除宁夏外，其他各省、市、自治区都有伴生银产地。伴生银矿储量以江西、湖北、广东、广西和云南最多。但是我国伴生银矿富矿少，贫矿多，银品位大于 50克/吨的富伴生银矿只占伴生银矿储量的 1/4 左右，而银品位小于 50 克/吨的贫伴生银矿储量却占伴生银矿总储量的 3/4。

三、大中型产地少，占有的储量多，小型产地多，占有的储量少

据 1992 年的资料分析，我国以银为主要开采对象的银矿，大型产地 12 处，中型产地 40 处，大、中型产地占有的储量占该类银矿储量的 95%；小型产地 29 处，占有的储量只占 5% 左右；伴生银矿大型产地 14 处，中型产地 73 处，大、中型产

地占有的伴生银矿储量占伴生银矿总储量的79%，而小型产地有271处，占有的伴生银矿储量只占伴生银矿总储量的21%。

四、银多与铅锌矿共生或伴生

我国共生银矿以银铅锌矿为主，其保有储量占银矿储量的64.3%。伴生银矿主要产在铅锌矿（占伴生银矿储量的44%）和铜矿（占伴生银矿储量的31.6%）中。与银共生或伴生的除了铅锌和铜外，还有锡矿、金矿以及多金属矿等。

第二节　中国锰银矿资源分布及特性

含银锰矿简称锰银矿，是重要的银矿资源类型之一，中国已探明的锰银矿合计银储量已近万吨。由于近年来选冶技术突破，锰银矿由过去定性的"呆矿"，逐步开始得到一定的开发和利用，为银提取增加了一个重要矿物来源，对锰银矿资源分布和特性的研究也愈显得重要。锰银矿所含锰按矿物类型可简单划分为氧化型、硫化型、碳酸盐型、氢氧化型，其中，氧化型是目前探明的主要含银类型，且主要在地表或浅层分布，是目前易经济开采利用的主要类型。

对氧化型锰银矿其含锰矿物进一步鉴定，又分为软锰矿、硬锰矿、褐锰矿、锰钾矿等型，也伴生有少量的水锰矿、六方锰矿、锰铅矿、菱锰矿及锰方解石等矿物，氧化型锰银矿中的锰以 MnO_2 为主要存在形式。锰银矿所含银矿物的形式及矿化形态、产出组合、结构、粒度及嵌布类型等与原矿成矿溶液的性质和氧化程度关系密切。

银的赋存形式主要有：① 以独立银矿物（自然银、银金矿、角银矿等）形式存在；② 以类质同象形式分布在锰矿中；③ 以微细粒矿物包体分布在锰矿或伴生铁矿等集合体的微裂缝中；④ 以离子吸附状态存在等。锰、银的这些赋存形式和分配比例，在不同产地的氧化型锰银矿中有一定差异，但银以类质同像或独立银矿物分布为主。

一、中国锰银矿资源分布及特性

已探明的锰银矿按地域分为华北区、华南区、华东区、华中区，其他区和省份有零星分布。

1. 华北区

内蒙古是目前中国公开已探明最大的锰银矿资源区，典型矿区位于呼伦贝尔盟

34

新巴尔虎右旗额仁陶勒盖，已探明的银金属储量为2000多吨，为大型银矿区。该矿含银矿床分为锰硅型、硫化物—蚀变岩型、硅化石英脉型，其中锰硅型、硫化物—蚀变岩型矿床是该区锰银矿的重要类型。锰矿物以氧化物、氢氧化物的形态存在，主要出露在地表，构成矿区内重要的富银锰矿体。而锰的碳酸盐类矿物主要出现在矿区深部，与银的硫化物类矿物相共（伴）生。

山西省灵丘太白维山锰银矿锰金属储量为300万吨，伴生的银储量为500吨。分为小青沟—流砂沟锰银矿床、硐沟锰银矿床、野窝窑锰银矿床等。

河北锰银矿以涿鹿县相广锰银矿为代表，该矿区经过30余年的勘查共发现了68条矿脉，在已查明的三条矿脉中，约有480吨银，其平均品位达到190克/吨；锰金属储量约为10万吨，平均品位是18%。相广锰银矿矿石类型主要为锰银氧化矿，其次为蚀变岩型银矿，两种矿石类型空间上相伴生。氧化矿中的锰依次为硬锰矿、铅硬锰矿及少量软锰矿，同时伴生Ag、Cu、Pb、Zn等；主要银矿物为角银矿、氯溴银矿、溴银矿、卤银矿、碘银矿等。

北京锰银矿以昌平锰银多金属矿为代表，矿区位于昌平区西湖村。根据矿石颜色及不同矿物含量，可将矿石分为深色矿石（锰铅锌多金属矿石）和浅色矿石（碳酸锰矿石）两种类型，且以浅色矿石为主。深色矿石中主要矿物组成为硫锰、含铁闪锌矿、方铅矿和磁铁矿等；浅色矿石中主要矿物组成为碳酸锰矿物和锰橄榄石等，其中碳酸锰矿物含量占88.9%，主要为钙镁菱锰矿和菱锰矿，该类型矿石处理后易获得高品位的菱锰精矿。昌平锰银矿中，银主要以深红银矿和自然银独立矿物形式存在，以包裹银和粒间银产出为主，嵌布粒度细小且不均匀。

2. 华南区

华南区中的广西是我国锰矿资源储量最多的地区，占全国总储量的38.5%，而广西又主要集中在桂西南地区，占广西总量的84.7%。但就锰银矿，华南区的分布范围和数量没有华北区广和多。广西锰银矿以凤凰山锰银矿为代表，凤凰山锰银矿位于隆安县古潭乡与扶绥县交界处的凤凰山北东侧，该矿银在氧化锰型、硫化锰型、碳酸锰型、石英型等中均有分布。对广西凤凰山锰银氧化矿的工艺矿物学特征研究表明，凤凰山锰银矿石的锰矿物主要为隐钾锰矿，少量为软锰矿和锰铅矿；银的赋存分为3种：①呈微细粒的角银矿、自然银、硫铜银矿和辉银矿等独立银矿物；②呈类质同象赋存于隐钾锰矿中；③呈微粒矿物包体分布于隐钾锰矿或褐铁矿集合体的微裂隙中。银的3种赋存形式的分配比例与矿石中隐钾锰矿的含量有关，在软锰矿和锰铅矿中仅有少量银。

广东地区的锰银矿主要分布在广东云浮罗定盆地及周边，其中罗定新榕锰银矿经地质普查评价铁锰储量达中型、银储量达大型规模。对罗定新榕锰银矿进行工艺矿物学研究表明，该矿含锰矿石主要由铁锰结核（矿块）组成，锰矿石的主要含锰矿物为钙锰矿、软锰矿、锰钾矿、锰钡矿、针铁矿、赤铁矿、硬锰矿等氧化锰类型，还含少量的恩苏塔矿、锰铅矿、方铁锰矿等。银平均含量达 100 克/吨以上，主要以脆银矿、溴角银矿、银锑黝铜矿、银金矿等矿物形式存在，呈微小颗粒状被包裹于铁锰矿物内或矿物间隙里，少量的银以吸附形式存在于铁锰矿物中。

3. 华东区

福建锰银矿有福建霞浦、闽西小康、龙岩适中等，福建锰银矿规模不大，但银品位高。其中闽西小康锰银矿是典型的"淋积型"氧化锰银矿，含锰矿层经热液叠加改造和风化淋滤后在层间断裂破碎带中富集成矿，铜铅锌矿体分布于酸性偏中性的花岗岩体外接触带中（部分为层状矽卡岩），呈浸染状存于矽卡岩中或沿裂隙充填成矿。矿床从上至下具有 Mn（Fe）– Ag、Pb、Zn – Cu、Pb、Zn 的垂直矿化规律。

江西锰银矿具有一定规模的矿点不多，锰、银组分是其他多金属矿组分的一部分，如贵溪冷水坑银矿、赣州新余锰铁银多金属矿、于都银坑银多金属矿等。其中贵溪冷水坑银矿以银为主，为伴生锰、铁、铅、锌、金、镉等多金属的超大型斑岩矿床，银保有储量 3336 吨，含银平均品位为 146.21 克/吨。银矿体按产状可分为浸染—细脉浸染状、脉状及层状三类，其中的层状体为银铅锌矿化叠加于菱锰铁矿层之上而成的复合矿体，菱锰铁矿中 Mn 含量高对银矿化有利。

江苏锰银矿已探明资源点不多，代表性的有南京锰铅锌银矿，该矿中的锰矿物种类复杂，主要有菱锰矿、钙菱锰矿、锰方解矿、锰白云石、含锰方解石等，矿中伴生的铅、锌、铜、金等多为金属硫化物。矿山先采用浮选法回收铅、锌、硫、铜、金、银等多种元素，再用磁选回收浮选尾矿中的碳酸锰。

4. 华中区

华中区的湖南是我国锰矿资源大省，其中锰银矿资源也有一定发现，如道县后江桥、浏阳七宝山铁锰银多金属矿等。七宝山铁锰银多金属矿。矿石类型有铁锰型、褐铁矿型、铁锰黏土型等，矿体呈层状、似层状产出，面状分布。矿石化学成分特征为贫钙、镁，富铁、铝及硅酸盐，同时还伴生 Ag、Au、Cu、Pb、Zn 等。锰矿物以复水锰矿、锰土、硬锰矿为主，铁矿物以赤铁矿、针铁矿为主，金、银矿物有自然金、金银矿、银金矿、辉银矿、角银矿等，铅锌矿物有锌矾、白铅矿、砷铅矿等，其他矿物有石英、长石、云母、绿泥石、锆石、石榴石等。矿区银品位 41～46 克/吨，主要呈细粒分散状态被包裹在锰矿物中。

河南锰银矿已发现的资源点有卢氏杜关、西峡阳城苇湖锰银矿等。对卢氏杜关锰银矿区的同生构造类型研究表明，构造类型主要有同生断裂构造、海底火山机构、同生构造盆地，同生构造的演化、联系决定着成矿演化和矿床的空间展布。其中对同生断裂构造的成矿元素分析显示锰和银呈正相关，且在破碎带中锰、银含量最高，分别达 14%、400 克/吨，断裂北盘锰平均含量为 2%，银含量超过 59 克/吨，而南盘锰银平均含量较低。

5. 其他地区

其他地区锰银矿资源分布比较稀少，有一定量的省区如下。

辽宁锰银矿代表性矿区为吴家屯矿区，位于八家子的西南部，原矿主要矿物有黄铁矿、方铅矿、铁闪锌矿、黑镁铁锰矿、硫锰矿、菱锰矿，少量黄铜矿、毒砂、白铁矿等，微量矿物有自然银、辉银矿、金银矿等，脉石矿物有石英、白云石、方解石等。矿中锰按属型分为硫化锰和碳酸锰的混合型，矿中银品位最高达 625 克/吨，平均品位大于 100 克/吨。

云南锰银矿代表性矿区有澜沧老厂、勐海、鹤庆等地的锰银矿，其中鹤庆锰银矿锰为氧化型，平均含 Mn、Ag、Fe 分别为 30%、180 克/吨、13%，及适量的 Au、Pb、Zn、Cu 等。

二、结语

银是重要的贵金属元素，也是重要的世界贸易交换物质，其占有量间接地反映了一个国家经济发展的程度。中国已探明的银储量占世界总量的 1/6，居世界第三位。中国银矿资源中 90% 为伴生银，开展伴生银，尤其是锰银矿资源的开发利用，其首要步骤是搞清资源现状。含银矿产资源研究，对促进中国银、锰资源开发和加快经济发展具有重要作用。

第三节 银在矿石中的分布和选矿中的走向

银是重要的贵金属。在中国的银资源中，大部分银存在于多金属矿床中。其中，银铅锌或铅锌银矿床中银储量占全国银储量的 60% 以上，中国 90% 的银是从共生、伴生矿产中综合回收的。共生、伴生矿产中的银若被合理利用，则变为宝贵财富；如果流失，则不仅是资源浪费，还会造成环境污染。因此《矿产资源法》第三十条明确规定，在开采主要矿产的同时，对具有工业价值的共生和伴生矿产应当统一规划，综合开采，综合利用，防止浪费。另外，从矿山经济效益方面考虑，虽然铅锌的价值一般远大于银的价值，但只要采用的综合回收技术措施合理，回收的银也会带来很大的附加效益，特别是对一些处在盈亏边缘的贫矿来说，综合回收的附加效益常常关系着矿山的生存。因此，多金属矿产中共生、伴生银的综合回收具有重要意义。

在银多金属矿石的综合回收过程中，选矿流程一般比较复杂。银的存在状态与矿石的处理方法和有用元素的回收程度关系密切。元素存在形式主要有独立矿物、显微包裹体、类质同象和吸附状态等形式。类质同象的银和磨矿条件下不能解离的银显微包裹体，将随载体矿物一起回收；而在磨矿条件下能解离成单体的独立银矿物将在选矿中显示出自己的选矿特性，可与载体矿物发生分离。

由于矿石中银的绝对含量较低，银矿物大多颗粒微细，小于 20 微米，5～10 微米者居多，最小者则不足 1 微米。因此，用普通岩矿鉴定方法确定银的存在形式比较困难，一般要结合电子探针微区分析、扫描电子显微镜、X 射线衍射等分析研究手段。

第四节　从难处理硫化银物料中提取银新工艺

对于硫化银锰矿中银的提取，由于银呈类质同象和包裹状态赋存在锰矿物中，用氰化法难以将其直接浸出，但由于其具有很高的经济价值，国内外对该类矿物的综合利用进行了大量的研究，目前处理该类矿石的主要方法为火法预处理和全湿法浸出。

火法预处理提银是指在高温下，通过加入添加剂改变银的赋存形态，从而达到浸取银的目的，具有银的回收率高、成本低、能综合回收多金属矿石等优点，但普遍存在能耗高、操作条件差、环境污染严重等问题。

全湿法浸出通常可分为同时浸出法和二步浸出法。同时浸出法使银锰矿中的锰还原和银氧化同时进行，使银和锰溶解到溶液中，然后再分离和提取，但此法后续分离条件复杂，不利于工业应用。二步浸出法是目前研究最多的一种方法，采用全湿法流程把硫化银锰精矿和含银氧化锰矿混合处理，使它们互为氧化—还原剂，脱锰渣经氯化浸出、铁粉还原后得到海绵银，银和锰的总回收率分别可达 96% 和 90%，实现了同时回收两种矿中银和锰的目的，但氯化浸出腐蚀强，毒砂全部分解进入溶液，污染环境。

硫氰酸盐以其低毒、经济且易于与 Ag^+、Au^+ 等形成稳定配合物的特性受到了广泛关注。实践证明，采用硫氰酸铵氧压浸出难处理硫化银物料中的银，具有工艺流程短、浸出率较高的优点，且浸出银的选择性好。硫氰酸铵浸液可循环利用，4 次循环后消耗量不足 7%。

第五节 选冶联合工艺生产白银

目前，我国生产银的冶炼企业约 100 家。白银产量绝大部分为有色金属铜、铅、锌、镍、锡等生产的副产品。2000 年我国放开白银市场以来，白银产业快速发展，其中有色金属生产的副产银增长 19.28%。2003 年我国白银产量达 4500 吨。是 1999 年的 3 倍，白银消费量达到 2000 吨，较 1999 年增长 60.7%。

主要有以下几种工艺：

1. 铜阳极泥生产白银

铜阳极泥生产白银的工艺流程见图 2 – 1。铜阳极泥先湿法氧化除铜、硒等杂质，再采用浮选工艺富集金、银，分离贱金属，金银富集比大于 3，精矿产量约为原阳极泥量的 30%，设备处理能力大幅提高。阳极泥中 80% 以上的铅分离在浮选尾矿中，大大减少了火法熔炼的渣量、烟尘量、熔剂和还原剂的消耗量，并降低了铅的污染，而且铅集中于尾矿，便于回收。含银 40% ~ 50% 的浮选精矿经分银炉熔炼

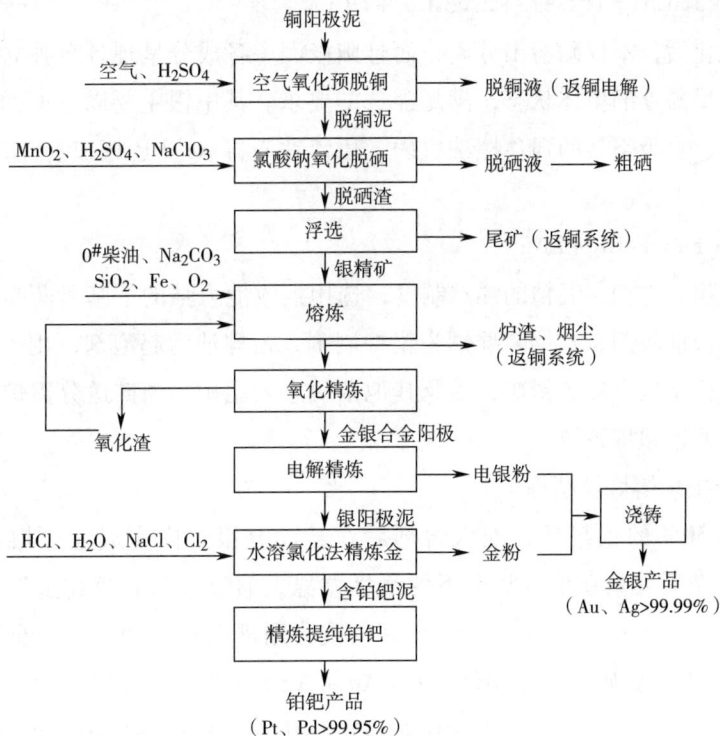

图 2 – 1 铜阳极泥生产白银工艺流程

铸成金银合金板后，进行电解精炼得到含 Ag > 99.99% 的电银。

2. 湿法脱铜硒—浮选工艺

阳极泥经调浆过筛后，在稀 H_2SO_4 介质溶液中，用竖轴套自吸空气氧化器脱铜，铜脱除率 80% ~ 85%。脱铜泥调浆后送脱硒工序，脱铜液返铜电解分厂净化循环使用。

$$Cu + H_2SO_4 + 1/2O_2 = CuSO_4 + H_2O \qquad (1)$$

$$CuO + H_2SO_4 = CuSO_4 + H_2O \qquad (2)$$

经脱铜后的阳极泥，在高酸介质条件下，加入氧化剂 MnO_2、NaCl 和 $NaClO_3$ 等使硒和部分金溶解，再利用还原剂将溶液中的 Au 还原。

$$MnO_2 + 4H^+ + 2Cl^- = Mn^{2+} + 2H_2O + Cl_2 \qquad (3)$$

$$Cl_2 + H_2O = HClO + HCl \qquad (4)$$

$$NaClO_3 + 3H_2SO_4 + 5NaCl = 3Na_2SO_4 + 3Cl_2 + 3H_2O \qquad (5)$$

$$3Se + 2NaClO_3 + 3H_2O = 3H_2SeO_3 + 2NaCl \qquad (6)$$

$$Cu_2Se + 4HClO = H_2SeO_3 + 2CuCl_2 + H_2O \qquad (7)$$

$$Ag_2Se + 3HClO = H_2SeO_3 + 2AgCl\downarrow + HCl \qquad (8)$$

强烈氧化后，不仅硒溶出分离，而且阳极泥中各成分呈现各自独立状态，互不包裹，金银呈易浮的单体状态，满足浮选的要求。其中银主要以 AgCl 的形态存在。在强烈搅拌、自吸空气的强化擦洗机内，用铸铁屑将 AgCl 还原成易浮选的单质银。其反应为

$$2AgCl + Fe = FeCl_2 + 2Ag \qquad (9)$$

采用一粗、二扫、五精的浮选制度，选用捕收能力强的丁基黄药与丁铵黑药作为金银的混合捕收剂，六偏磷酸钠为铅抑制剂，松醇油为起泡剂，用硫酸调整 pH。浮选后得到富集贵金属的精矿，铅及其他杂质进入尾矿。精矿送分银炉进行火法精炼，尾矿返回铜粗炼系统。

（1）分银炉熔炼及精炼

含银约 50% 的银精矿，配入熔剂后在转动分银炉内完成还原熔炼、氧化精炼。利用各杂质元素在熔融状态下的活性差异，通过灰吹和氧化造渣，使原料中的 Sb、As、Pb、Se、Cu、Te、Bi、S 等杂质分别进入烟尘和炉渣，金银则沉于炉子下部。产出高品质的合金阳极板（Au + Ag > 99%）。其组成为（%）：Ag > 96.5，Au 1.2 ~ 3，Cu < 1.0，Bi < 0.1，Pb 0.01，Pt 0.004 ~ 0.01，Pd 0.01 ~ 0.04，Se < 0.01。

冶炼烟气经沉降室送布袋收尘器，净化气体排入烟囱。含银炉渣在分银炉内重

新熔炼，其他炉渣同收集下来的烟尘返铜粗炼系统。

（2）银电解精炼

熔炼铸成的合金板进行电解精炼，通过控制电流强度、阴阳极尺寸、槽压、电解液成分、极距、槽温等技术条件，产出 Ag > 99.99% 的电银。

（3）产品浇铸

银电解产出的电银粉（Ag > 99.99%）经中频感应电炉熔化后，通过不同工艺条件控制，铸成不同规格的白银产品。

第六节　银系无机抗菌材料抗菌机理及应用

有害细菌在自然界广泛存在，无论是空气、水、土壤、各种物体表面、人体的体表及与外界相通的体腔，均存在种类繁多、数量庞大的有害的细菌威胁着人类健康。随着生活水平的提高，人们对生存环境的要求也越来越高。由此，抗菌材料的生产已成为一个新兴的产业，世界各国对抗菌剂的研究更加重视。

一、抗菌剂的定义及分类

抗菌材料是具有杀菌、抑菌性能的新型功能材料，抗菌材料中的核心成分是抗菌剂。抗菌剂是一些细菌等微生物高度敏感的化学成分。极少量的抗菌剂添加至普通材料中，即可制成抗菌材料。

抗菌剂可分为天然类、有机类和无机类等。

（1）天然生物抗菌剂来源于自然界，人们通过提取、纯化获得，资源极其丰富，如壳聚糖、天然萃取物等。但因耐热性差和加工困难等问题，因此天然抗菌剂不能实现大规模市场化。

（2）有机抗菌剂是以有机酸类、酚类、季铵盐类、苯并咪唑类等有机物为抗菌成分的抗菌剂。

主要可用做杀菌剂、防腐剂、防霉剂，该类抗菌剂短期杀菌效果好，但大多有机抗菌剂由于耐热性较差、寿命短、易分解、难降解等特点而受到限制。人们逐渐将研究方向转向了无机抗菌剂。

（3）无机抗菌剂主要是利用银、铜、锌等金属本身所具有的抗菌能力，通过物理吸附或离子交换等方法，将银、铜、锌等金属（或其离子）固定于沸石、硅胶等多孔材料的表面或孔道内，然后将其加入到制品中获得具有抗菌性的材料。具有耐热性好、抗菌谱广、有效抗菌期长、毒性低、不产生耐药性等优点，主要应用于纺织、塑料、涂料及陶瓷等方面。

目前，各类抗菌剂各有特色，各有其自己适合的应用领域。但是应用最为广泛的是银系无机抗菌剂。

二、银系无机抗菌剂

金属离子抗菌剂中目前研究最多的是含银离子抗菌剂，原因是金属银的杀菌能力最强。而且由于 Hg、Cd、Pb 和 Cr 等其他金属的毒性较大，实际上用作杀菌剂的金属主要为 Ag、Cu 和 Zn。金属离子杀灭、抑制病原体的活性按下列顺序递减：$Ag^+ > Hg^{2+} > Cu^{2+} > Cd^{2+} > Cr^{3+} > Ni^{2+} > Pd^{2+} > Co^{4+} > Zn^{2+} > Fe^{3+}$。美国科学家纽曼的研究表明，银离子能够破坏细菌、病毒的呼吸功能和分裂细胞的功能。银的优良抗菌特性使其具有成为抗菌材料的潜力。

载银无机抗菌剂主要是指通过离子交换和物理吸附等作用将银离子沉淀到无机材料的表面或介孔材料中，制成无机抗菌剂使其具有杀菌作用。常见的载体有：沸石、膨润土、蒙脱石、硅胶、羟基磷灰石和磷酸盐等介孔材料。有文献表明：载银—沸石抗菌剂的抗菌能力随着载银量的增加而提高。

纳米银粒具有较好的催化活性和热交换性，近年来的研究表明，纳米银具有优异的抗菌活性。纳米银的抗菌活性与其粒径大小有关，相同质量的银含量条件下，纳米银的粒径越小，抗菌活性越高。降低银颗粒的尺寸使其达到纳米级，可发挥其表面效应，大大提高其抗菌活性。纳米银粉可装载于纺织品、涂料等产品中，制备出具有抗菌功能的产品。将纳米银粒子附载于不锈钢医疗器械、餐具等表面上可使其具有抗菌性能。目前国际上已研制出载纳米级银粒的不锈钢医疗器械，如抗菌不锈钢夹子、抗菌不锈钢刀具、抗菌把手等。

三、银系抗菌材料的抗菌机理

银的抗菌活性早就被人们知道，并已发现了多种应用。因为它对于人体细胞的毒性大大低于细菌，最广泛的应用是预防治疗烧伤和水消毒。根据已有的实验结果，人们提出了以下 4 种银的杀菌机制：静电吸附杀菌、金属溶出杀菌、光催化杀菌、复合作用杀菌。

银离子的抗菌机理主要有以下两种机理假说。（1）接触反应：银离子与细菌接触反应，造成细菌固有成分被破坏或产生功能障碍从而导致细菌死亡。当菌体失去活性后，银离子又会从菌体中游离出来，重复进行杀菌活动，因此其抗菌效果持久。它的主要作用机制有以下几种：破坏细菌呼吸产能系统；破坏细胞膜上与物质运输相关的蛋白；改变外膜蛋白前体的加工与运输等。其本质原理就是 Ag^+ 与细胞各种蛋白结合，使其失去活性，破坏其生命活动所需的必要条件，从而杀死细胞。而且，银离子可以游离出来，重复这个过程，抗菌性能具有持久性。

（2）催化反应：在光的作用下，银离子及纳米级颗粒能起到催化活性中心的作用，激活水分子和空气中的氧，产生羟基自由基（$-OH$）及活性氧离子（O^{2-}），O^{2-} 和 $-OH$ 能在短时间内破坏细菌的增殖能力，致使细胞死亡，从而达到抗菌的目的。

根据银离子缓释机理的不同，银系无机抗菌剂可以分为两类。一类为依附于某种载体之上，使用过程中银离子从载体上解析出来；另一类为本身化合物中含银，在使用过程中接触到水等介质，通过溶解作用释放出银离子。

由于银离子的抗菌效果受光和热的影响较大，长期使用过程中银离子容易被还原而降低抗菌效果，因此人们一般都选用能使银离子缓释的载体来制备载银抗菌剂。

四、银系无机抗菌剂的应用

银系无机抗菌剂广泛应用于以下几个方面：

抗菌陶瓷：厨房、卫生间等场所一般比较潮湿，易污染并滋生细菌，因此迫切需要抗菌自洁的墙面材料及卫生洁具，这使抗菌陶瓷得到迅速发展。抗菌陶瓷一般是将抗菌剂加入陶瓷釉料中，经过釉烧制得抗菌釉层生产抗菌瓷砖及卫生洁具；也有采用溶胶—凝胶等技术，给传统陶瓷表面涂上一层含银离子或铜离子等的薄膜，使其具备了抗菌自洁功能。

抗菌玻璃：普通玻璃的化学持久性不强。但是，玻璃却有保持金属以离子状态稳定存在的特性，如引入铁、铜等多种离子化的过渡金属离子于玻璃中，严格控制其价态可以得到各式各样的颜色玻璃。依此，引入银、铜和锌等具有抗菌防霉性能的离子化金属而制得抗菌玻璃，当其有水存在时会缓慢放出从而发挥其抗菌机能。

水处理剂：如可溶性玻璃抗菌剂作为水处理剂可以直接应用到水溶液中，通过玻璃（一般制成球状）溶解后银离子在水中的扩散来达到抗菌的目的，可用于生活、工业用水处理。

纤维制品：纤维及织物具有抗菌剂不溶出、加入量少、相融性好、分散均匀、不改变纤维颜色等特点，抗菌织物还具有耐洗涤、耐光照、耐高温、悬垂性好、形态稳定等优势，抗菌织物的可染性、可纺性及纤维的物理机械性能均达到了国际先进水平。

此外，可广泛应用于塑料制品、涂料、化妆品等各领域。

五、展望

随着国内外对银系抗菌剂研究的深入，对银的抗菌机理与抗菌材料载体种类的了解也越来越透彻。无机纳米抗菌粉体有许多的优点，如广谱抗菌性，几乎对所有菌种都有很强的杀灭能力，具有安全无毒、耐久性，不产生抗药性、耐热性和加工性好的特点，将在越来越广泛的领域得到应用。

第七节　废银催化剂中银的回收

银是一种重要的催化材料，可用做多种氧化反应催化剂的活性组分。自 1931 年 Lefort 提出用银作为乙烯氧化制环氧乙烷的催化剂以来，无论载体和助剂如何变化，银始终是工业生产中乙烯氧化法生产环氧乙烷催化剂的活性组分，其质量含量占催化剂的 15% ~ 40%。其他以银为活性组分的工业催化剂有甲醇氧化制甲醛电解银催化剂；间二甲苯氨氧化制间苯二甲腈银催化剂（由 SiO_2、Al_2O_3 及 Ag 组成），银含量为 38% ~ 42%。正在研究的以银为活性组分的催化剂有环保催化剂，如一氧化碳的消除反应、亚甲基蓝的降解；氧化催化剂，如丁醇的氧化、丁二烯的环氧化；还原催化剂，如对硝基苯甲酸的还原等，这些过程均处于研究阶段。

一、甲醛银催化剂的活化与回收

1. 电解银催化剂的回收

工业上甲醇氧化制甲醛一般采用银含量高于 99.9%、铁含量小于 3 毫克/公斤的大比表面积、粒度在 8 ~ 40 目（3 ~ 0.56 毫米）的电解银作催化剂。电解银催化剂在生产甲醛的使用过程中，由于原料气夹带外来物质的污染，造成活性下降，副作用增强，致使转化率降低，消耗增加。这时需将催化剂再生后才能再投入使用。通常催化剂床的污染主要发生在表面层，因此再生时的重点是对催化剂的表面层进行再生电解处理。先用草酸浸泡除铁，再高温焙烧除碳，然后按正常步骤进行电解，就可以达到纯化或再生的目的。

2. 浮石银催化剂的回收

甲醛用浮石银催化剂的再生。某氮肥厂曾对甲醇氧化制甲醛银催化剂进行再生处理。用草酸溶液反复浸泡失活的浮石银催化剂，控制一定温度轻轻多次搅拌，一定时间后将生成的草酸铁水溶液和少量飘浮的析炭除掉，再用蒸馏水多次边浸泡边冲洗，直至水溶液 pH 达中性为止。经上述处理的废银催化剂于 200～300℃ 分别进行 2 次各 5 小时左右的活化，冷却至室温密封包装。再生时主要发生除铁反应：

$$Fe_2O_3 + 3H_2C_2O_4 = Fe_2(C_2O_4)_3 + 3H_2O \tag{10}$$

采用电解法回收甲醇氧化制甲醛用含银 57% 的废浮石银催化剂。将浮石银用蒸馏水清洗、过滤、烘干后放入电解槽，阳极盒装满后通电，阴极板上析出的银及时刮下，积累至一定量后捞出，用蒸馏水洗涤 2～3 次，再用抽滤装置清洗，用 10% 盐酸检验洗涤后的溶液，不呈白色沉淀即为合格。银粉放入坩埚内用电热烘箱烘干，得到疏松状的结晶银。电解工艺参数为电流密度 5A/dm²，烘干温度小于等于 150℃，熔化温度大于 960℃，电解液含硝酸银 4%～5%，酸度（HNO₃0.14%）为 pH 等于 2 左右。电解后的废浮石还可加硝酸处理，废电解液与结晶银的洗涤液用重结晶法回收硝酸银。

发泡银具有孔隙率高、比表面积大、通透性好等特点，是新型甲醇氧化制甲醛催化剂。在使用前及使用中容易受到污染，特别是 Fe、Cu、C 等一些杂质元素极易使催化剂中毒，因此必须在使用前对其进行纯化及活化预处理。经过焙烧、浸泡、洗涤、吸氧等处理步骤，既可以除去发泡银表面的杂质，又可以使发泡银催化剂得以活化。

二、废环氧乙烷银催化剂的回收

1. 银含量分析

催化剂中银含量的分析方法大致有 3 种，即化学分析法、原子吸收法和分光光度法。对于银含量较高的催化剂，需要将原样溶液稀释一定倍数，才能适用于原子吸收法和分光光度法。通过比较，二硫腙萃取光度法分析银含量操作时间长，分析速度慢，原料消耗多，测定成本高；而采用硫脲介质—原子吸收法速度快，结果精度高。然而仪器分析的成本普遍高于容量分析法，常用的容量分析法是简便快捷、分析结果准确可靠的佛尔哈德法测银催化剂中银含量。其操作过程为：称 0.5 克左右试样，用 20 毫升（1＋1）硝酸溶解样品，加 1 毫升硫酸铁铵饱和溶液指示剂，用 0.05 摩尔/升硫氰酸铵标准溶液滴定试样溶液，至溶液变为粉红色，激烈振荡 30 秒不褪色即为滴定终点。

2. 银的溶解工艺

固体含银废料中银的回收有火法和湿法两种。但由于火法要消耗大量的能量，同时产生污染，回收率也不高，所以目前湿法使用较多。湿法一般先采用适当的方法将银溶出，将固态银转移到溶液中后再提取。溶解方法一般有浓硫酸溶解法、硝酸溶解法、强碱溶解法、硫脲溶解法等。

（1）硫酸溶解法

硫酸溶解法是使贱金属和银与金、铂、钯等贵金属分离的经典方法，主要适用于银以单质或氧化银形式存在的废料。在 $160 \sim 180\text{℃}$、溶出时间 2.5 小时的条件下，银溶出率可达 99% 以上。但溶解液中除银外还存在大量贱金属硫酸盐，需进一步分离。

（2）硝酸溶解法

用硝酸浸出银是化学上常用的快速提取银的有效方法，适合于溶解 Ag、Ag_2O 和 Ag_2S 等形态的银。特点是溶解能力强、浸出率高，但贱金属与银一起被浸出，同时产生大量 NO_x 气体，操作环境差。一般用于含银高的富银渣和粗银的精炼，也是从废银催化剂中回收银最常用的方法。

（3）亚硫酸钠溶解法

将银转化为 $AgCl$ 以后，用亚硫酸钠溶液浸出，然后在碱性介质中用甲醛还原银，还原母液经 SO_2 调整后复用数次，反应式如下：

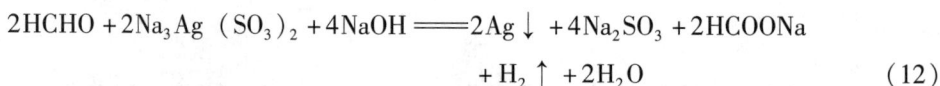

$$AgCl + 2Na_2SO_3 = Na_3Ag(SO_3)_2 + NaCl \tag{11}$$

$$2HCHO + 2Na_3Ag(SO_3)_2 + 4NaOH = 2Ag\downarrow + 4Na_2SO_3 + 2HCOONa$$
$$+ H_2\uparrow + 2H_2O \tag{12}$$

$$2NaOH + SO_2 = Na_2SO_3 + H_2O \tag{13}$$

（4）硫代硫酸盐溶解法

硫代硫酸盐溶出法以铜离子作氧化剂和催化剂，溶出温度在 $50 \sim 60\text{℃}$。该方法溶出速度快、溶出率高、无毒、贱金属溶出率低、选择性好，适用于溶出 Ag、Ag_2O、Ag_2S、$AgCl$ 等多种形式存在的银，还可溶出金，但操作控制要求较严格。此方法是目前工业中较常用的溶银方法，主要用于溶出以 $AgCl$ 形式存在的银，常用于阳极泥分金后含银渣的溶出。

（5）硫脲溶解法

一般来说，硫脲浓度以 9% ~ 10% 为佳，介质宜用硫酸，较好的氧化剂为二硫甲脒和硫酸高铁，银以 $Ag(Tu)_3^+$（Tu 为硫脲）等形式存在。

（6）强碱溶解法

用 10% 苛性钠水溶液在 90℃ 左右下腐蚀胶片、电子元器件等固体含银废料。银转移到溶解液中。

3. 银的还原工艺

无论是银化合物沉淀还是溶液中的银（配位）离子，只有通过一定手段得到纯度较高的银或纯度较高的可溶性银盐（如硝酸银），使用起来才比较方便。

银的回收常采用还原法、电解法（本质上也是还原法）、熔炼—筛选—脱碳法、热解法和吸附法。还原法又可分为湿法（溶液还原工艺）和干法（干态还原工艺）。以往文章集中讨论得到纯银的工艺，一般都是采用选择性较好的还原剂还原银化合物沉淀或溶液中的银（配位）离子而得到单质银。由于银及其配合物的电极电位较高，从理论上讲，电极电位低于银或其配合物的物质均可作为还原剂使用，所以用于银（配位）离子或其配合物的还原剂的报道很多，应根据工艺要求进行适当选择。

（1）湿法（溶液还原工艺）

常用的还原剂包括金属活动顺序在银前面的金属，如 Fe、Al、Zn 及 Cu 等；还原性较强的无机物如硼氢化钠、亚硫酸盐（连二亚硫酸盐）、可溶性硫化物；有机物如醛类、醇类，有机胺和有机酸等。表 2 - 1 给出了一些常用的还原银（配位）离子的还原剂、还原条件及得到的银颗粒的尺寸。

表 2 - 1　　　　　　　　还原硝酸银的常见还原剂、还原工艺及银粒尺寸

序号	还原剂	还原条件	银的尺寸
1	$NaBH_4$	pH 为 8.0 左右，室温	粉末
2	Fe	$[Ag^+]=0.05mol/L$，$[HNO_3]=0.1\sim0.50mol/L$	颗粒
3	苯甲酸的亚硫酸钠盐	碱性溶液，室温至 80℃	颗粒
4	醇	>85℃，加相对分子质量 100～400 的保护剂	5～10μm
5	乙二醇	PVP 保护剂，>100℃	平均 60nm
6	甲酸、甲醛、乙二醇或甘油	20～45℃，碱性溶液	5～10μm
7	H_2O_2	$AgNO_3$（g）：H_2O_2（30%，mL）：添加剂（g）= 10:3:0.7	0.31μm
		浓氨水沉淀	纳米级
		10～80℃，醇－氨介质，氯铂酸为催化剂、PVP 为分散剂	六方片状银粉
8	抗坏血酸或异抗坏血酸	40～60℃，PVP、烷基硫醇（RSH）、油酸或棕榈酸保护剂	微米级
	L－抗坏血酸	15～60℃，pH＝1～5（碳酸铵调节），草酸和聚乙二醇为调节剂	0.3～3μm
	抗坏血酸或异抗坏血酸	45～55℃，明胶保护剂	微米级

序号	还原剂	还原条件	银的尺寸
9	葡萄糖或抗坏血酸	酸性条件，无保护剂	$0.1 \sim 0.5 \mu m$
10	葡萄糖	60℃，PVP 或 PVA 保护，碱性环境	$100 \sim 250 nm$
11	水合肼/Na_2SO_4	Na_2CO_3 介质，$70 \sim 90$℃	银粉
12	水合肼	50℃，水合肼浓度50%，以银计理论量的115%	银粉
13	氨－肼	pH >9，温度 85℃	灰色银粉
14	H_2	NaOH 沉淀 Ag_2O，150℃±10℃	白色银粉，$2 \sim 3 \mu m$
15	$FeSO_4 \cdot 7H_2O$	$0 \sim 20$℃，$AgNO_3 : FeSO_4 \cdot 7H_2O = 1 : (2 \sim 8)$	$0.3 \sim 3 \mu m$

表2-1中，硼氢化钠、过氧化氢和氨—肼还原硝酸银的反应方程式分别见方程式（14）、式（15a）、式（15b）和式（16）。国外一些中小型工厂已用硼氢酸钠还原法取代了传统的锌粉、铁粉置换法和硫化钠法，尤其是在处理小批量、低浓度的废液时更显示出它的优越性。该法使用强还原剂 $NaBH_4$，在一定酸度范围内将废液中的银还原，银回收率可达96%。

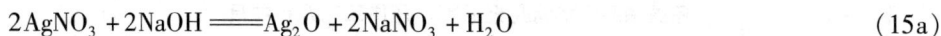

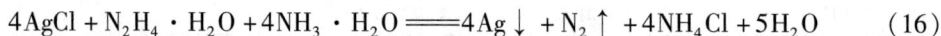

$$8Ag^+ + BH_4^- + 3H_2O \rightleftharpoons 8Ag\downarrow + B(OH)_3 + 7H^+ \tag{14}$$

$$2AgNO_3 + 2NaOH \rightleftharpoons Ag_2O + 2NaNO_3 + H_2O \tag{15a}$$

$$Ag_2O + H_2O_2 \rightleftharpoons 2Ag\downarrow + H_2O + O_2\uparrow \tag{15b}$$

$$4AgCl + N_2H_4 \cdot H_2O + 4NH_3 \cdot H_2O \rightleftharpoons 4Ag\downarrow + N_2\uparrow + 4NH_4Cl + 5H_2O \tag{16}$$

（2）干法（干态还原工艺）

从理论上讲，在湿法中可以还原银（配位）离子的还原剂，在干态下（银以某种化合物如氯化银的形式存在）也可以作为还原剂，但由于干态下反应物之间的接触概率小，所以反应速度相对较慢。完全在干态下进行的还原反应很少，人们总是通过各种手段，或使反应在湿态下进行，或在高温熔融状态下进行所谓的固态反应。

用除去表面氧化膜的铝片作还原剂，在 1:4 的 H_2SO_4 存在下直接还原 AgCl，反应不需加热，当沉淀内没有白色固体时，反应即结束，析出的银为暗灰色。铝的活性高于锌，价格却远低于锌，以铝代替锌可以降低成本。采用铝还原银氨溶液中的银，银回收率最高只有92%左右。因此，有科学家认为用铁还原氯化银的反应，在0.1摩尔/升盐酸存在下于静态下反应为佳。科学家们还研究了不同反应介质下锌还原氯化银的工艺。认为锌还原氯化银的最佳硫酸浓度为 0.05 ~ 0.5 摩尔/升，银的产率达99%。在氯化钠溶液中能较好地还原氯化银。在硝酸钠溶液中锌不能还原氯化银，认为应该在1%的 NaCl 溶液中用锌还原 AgCl 制取 Ag。

（3）熔炼—筛选—脱碳法

近年来，有人发现了从挤压型银石墨触头材料中回收银的新方法。对于粉状边角料，采用空气脱碳的方法回收 AgC，脱碳温度 500 ~ 700℃，压缩空气流量 0.4 ~ 0.8 立方米/小时。脱碳时间 1 ~ 3 小时。对于块状边角料，采用"熔炼 + 筛选 + 脱碳"的方法，银的总回收率可达到 99.6%。

（4）热解法

国内研究人员发明了一种球形纳米银粉的制备方法。其特征是将硝酸银和硝酸镁或硝酸镍和硝酸铜在水中配成 10% ~ 40%（质量分数）的水溶液，溶液中银离子与镁离子、镍离子或铜离子的物质的量比为（0.05 ~ 1）:4，然后喷雾热解，即可得到银与相应氧化物的混合物。

（5）吸附法

吸附法是近年来国外开发的一种新的高选择性分离贵金属方法。将吸附剂加入到含银废液中，通过吸附剂的表面活性吸附富集银。分离后解吸即可得到单质银。尤其是含有自由氨基的芳香族聚合物对 Ag^+ 有很高的灵敏性和吸附容量，如由电化学制备的聚 1，8—萘二胺，对浓度低至 5 ~ 10 毫克/升的 Ag^+ 都能在几分钟之内产生吸附与富集。

三、硝酸溶解回收废银催化剂

银催化剂使用一段时间后，其性能便会降低，需要报废。大部分含银催化剂含银 10% ~ 20%，少数含银可达 40% 左右。从废银催化剂中回收银具有极高的社会价值。银催化剂的载体主要是由 α—三氧化二铝（有些含有少量二氧化硅）制成的带有大量微孔的小球或小圆柱体，银分布于表面及微孔内表面上。

四、结语

从废银催化剂中回收银，一是使宝贵的银资源得到回收，二是使载体 α—三氧化二铝成为陶瓷加工的重要原料，三是回收过程中产生的 NO_x 可以转化为硝酸盐和亚硝酸盐。过程中产生的所谓污水可进行多次重复使用，只有少量废水集中排放到污水处理系统进行统一处理。今后努力的方向是进一步提高银的回收率，将有用的资源"吃干榨尽"。

第三章 铂族金属矿产、最新技术及研究

铂族金属包括铂、钯、钌、铑、铱、锇6种元素，具有熔点高、耐腐蚀性、热稳定性、抗电火花的蚀耗性好，优良的高温抗氧化性和良好的催化作用及色彩美观等优良属性，成为现代科学、尖端技术和工业上不可缺少的贵金属材料，被广泛用于石油、化工、汽车、信息产业、航空、航海、军事及宇航等高科技领域之中。因此，许多国家都将铂族金属作为战略物资，严格控制、管理和储备，并十分重视铂族金属找矿及成矿理论研究工作。

随着经济发展，铂族金属消费量不断增长，地位越来越重要。目前铂族金属的地位已远超过了黄金，成为贵金属中的"明星"。铂族金属中，除钌外的其他铂族金属价格均超过了黄金价格。随着各国环保意识的增强，汽车催化装置对铂族金属的需求稳步增长，而铂—钯—铑三元催化剂更掀起了铂族金属消费的新浪潮，铂族金属堪称"环保金属"。

铂族金属是我国急缺矿产。到目前为止，我国铂族金属资源有限，仅是世界储量的万分之三，且没有单独开采的铂族金属资源，主要作为铜、镍、铁矿等的伴生元素综合回收，铂族金属矿品位仅是国外矿床一般品位的1/10~1/5，且均为非工业矿床。

在我国铂族金属储量中，伴生铂族金属保有储量占总量的62.2%，共生铂钯矿占9.2%，单一铂钯矿占28.6%，砂铂矿储量极少且难利用。

产量低，需求大，供需矛盾突出是我国铂族金属资源的特点。我国铂族金属主要以伴生元素在主金属开采时由冶炼厂回收，其产量受主矿开采规模及品位控制。

铂族金属二次资源回收量是我国铂族金属总供给量中的重要组成部分，年回收量约4吨。

第一节 世界铂族金属矿产资源及开发

一、资源/储量及分布

1. 铂族金属矿床的主要类型

铂族金属矿床主要有3种类型：①与基性—超基性岩有关的硫化铜—镍—铂族

金属矿床，是世界铂族金属储量和产量的最主要来源，著名矿床产于：南非布什维尔德、俄罗斯诺里尔斯克、加拿大萨德伯里、中国金川铜镍矿等；②与基性—超基性岩有关的铬铁矿—铂族金属矿床，如南非布什维尔德杂岩体中与 UG—2 铬铁岩层有关矿床、俄罗斯的纯橄榄岩中与巢状铬铁矿矿体有关的矿床；③铂的砂矿床，主要分布于俄罗斯、加拿大、美国和哥伦比亚。

与上述传统类型不同，近年俄罗斯在伊尔库茨克发现产在黑色页岩系中的苏霍伊洛克（"干谷"）矿床有金储量 1550 吨，铂储量约 250 吨。俄地质学家认为，这一新类型的发现将改变世界铂族资源来源的格局。

2. 世界铂族金属的储量与资源

目前世界铂族金属储量和储量基础分别为 71000 吨和 80000 吨。南非铂族金属储量居世界首位，其次有俄罗斯、美国和加拿大，四国储量合计占世界总储量的 99%。世界铂族金属资源量估计在 10 万吨以上。就目前世界产量来说，储量的静态可供年限为 136 年。

世界上的铂族金属主要产于南非的布什维尔德杂岩体和俄罗斯诺里尔斯克超基性岩体的矿床中。

二、铂族工业利用情况

砂铂矿经过重力选矿，能得到含铂或铂族金属等含量为 70% ~90% 的精矿，可直接冶炼。用混汞法处理砂金矿时，由于冷态的铂与汞不易生成合金，铂族金属进入混汞提取金银后的尾砂中，仍需富集，再进行精炼。从超基性岩型铜镍硫化矿床中提取铂族金属的过程较复杂。在镍的选冶过程中，铂族金属主要随镍的富集而富集。在镍的精炼时，铂族金属进入阳极泥。阳极泥经处理后就可得到铂族金属精矿，再通过湿法冶炼，可获海绵铂（含铂 99.9%）、海绵钯（含钯 99.9%），海绵锇、铑、铱、钌等产品。铂族金属锭可用粉末冶金或高频感应电炉融化制得。

目前，世界上铂族金属的最主要来源是铜镍硫化物矿床，其中铂族矿物种类最多，分布也最广。铬铁矿床中也含铂族元素，其风化产物砂铂矿在历史上曾为铂矿的主要来源，而现在已退居次要地位。

其他矿床中也见到一些铂族元素，如部分矽卡岩矿床、热液矿床、砂金矿、含钴铀砾岩、金刚石砂矿、砂锡矿以及南非（阿扎尼亚）铂矿区的文象花岗岩及伟晶岩都有铂矿物发现，但这些矿床及岩石中的铂族矿物种类比较简单；不少气成热液矿床（如钨、钼、铁、钴、铜、铅、锌、锑、汞、铀）及沉积矿床（黑色页岩、锰矿、煤矿）虽然有铂族元素存在，并且有的已经进行综合利用，但至今大多数矿床中还未见到真正的铂族矿物，只有波兰沉积岩中有 Pd—As—S 的矿物出现。这一方面是由于这些矿床中铂族元素含量过低；另一方面也与工作深度不够有关。

三、结语

（1）从长期角度来说，世界铂族金属查明储量/资源充裕，地理分布集中。国际大公司控制着已开发和可供未来开发矿山的生产能力可以满足国际市场的需求。

（2）从未来两三年内的短期角度来说，汽车需求量萎缩，铂族金属的需求下降，国际市场价格大幅下降至矿山经营成本区域附近，矿山产量减少，勘查投资也将下降。部分待建矿山的建设时间会推迟。

（3）随着全球经济的复苏，市场需求转旺，美元贬值，国际市场铂族金属的价格将大幅度上扬。

（4）我国可形成铂族金属矿产条件有利的地区不多，查明资源储量极少，近期难以找到巨大的矿床。国内目前几乎没有可供近期建设的大型矿山，近期和未来长期产量难以大幅度增加。

第二节　铂族金属提取冶金技术

多年来人类开采的铂矿资源分为两大类：即砂铂矿和共生矿。砂铂矿曾在 50 多个国家的 100 多个地区广泛分布，是 20 世纪 20 年代前的 100 多年中的主要生产资源。砂铂矿只要简单重选即可提取出密度很大（约 20 克/立方厘米）的以粗铂矿和锇铱矿为主要组分的铂族金属精矿。这类精矿，可直接用化学方法分离、精炼为铂、铱、锇 3 个纯金属产品，但这类矿点多已采竭。

共生矿的情况较复杂，矿石中含有铂、钯、锇、铱、钌、铑、金、银、镍、铜、钴、铁、硫等 10 多种有价元素，是一类必须全面综合利用的宝贵资源。但主要资源分布，如南非布什维尔德、美国斯蒂尔瓦特、俄罗斯诺里尔斯克、加拿大萨德贝里、中国金川等地的共生矿，在矿床成因、矿体产状、矿物组成、矿物粒度及嵌布连生特点、各种有价金属品位及含量比例等方面，没有任何两个资源是完全相同的。如南非的矿石中铂族金属品位高，铜、镍品位低（铂族约 6 克/吨，铜、镍约 0.2%），美国的矿石中铂族品位更高，铜、镍更低（铂族 15～19 克/吨，铜、镍＜0.1%），它们被称为原生铂矿，以提取铂族金属为主，副产铜、镍、钴。加拿大的情况相反（铂族 0.4～0.6 克/吨，铜、镍＞2%），称为伴生铂族金属的硫化铜镍矿，以生产镍、铜、钴为主，副产铂族。俄罗斯则兼而有之。我国金川共生矿类似加拿大，但铂族品位更低（约 0.3 克/吨）。

一、冶金过程特点

开发共生资源的选—冶工艺涉及矿石中占绝对量的硅酸盐脉石和铁与其他 11 种有价金属的有效分离，大量有色金属与微量贵金属的分离以及 8 个贵金属相互分离、精炼为纯金属产品等一系列技术问题。判断工艺技术可行性和可靠性的基本原则是：①能否全面回收 11 种有价金属，实现共生资源的有效综合利用；②能否达到较高的技术经济指标；③是否具备产业化实施的设备支撑条件；④能否达到环境保护和劳动安全的严格要求。

对比世界上几十个共生矿开发工艺，基本过程归纳简示如下：

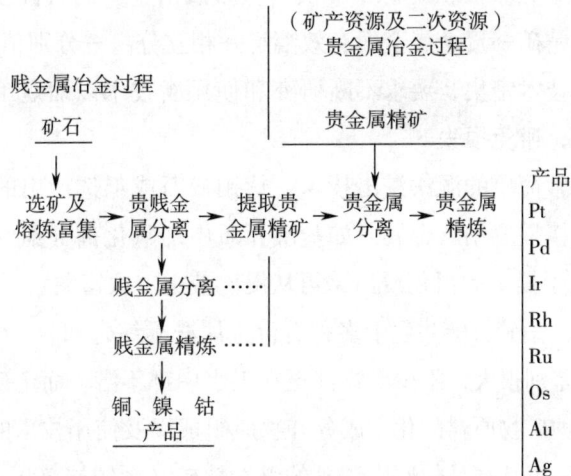

```
                                     （矿产资源及二次资源）
                                       贵金属冶金过程

   贱金属冶金过程                         贵金属精矿

        矿石                     ┌─────────────────────────┐
         ↓                                                      产品
   选矿及      贵贱金    提取贵    贵金属    贵金属           Pt
   熔炼富集 → 属分离 → 金属精矿 → 分离 →  精炼            Pd
                ↓                                              Ir
            贱金属分离 ……                                    Rh
                ↓                                              Ru
            贱金属精炼 ……                                    Os
                ↓                                              Au
           铜、镍、钴                                         Ag
            产品
```

由于资源的特点和差别，会导致选择和制定选冶工艺的侧重点不同，工艺流程结构和使用的技术、铂族金属的回收途径、技术经济指标等没有任何两个工厂是完全相同的，各有价金属的产量和产品比例也相差很大。对于微量组分的贵金属，其有效提取包括富集—分离—精炼三个阶段。全过程的特点归结为：

（1）左半部是有色金属冶炼及富集贵金属的过程，首先用选矿和火法熔炼分离绝对量的硅酸盐脉石和大量铁，使全部有价金属富集在铜镍锍中，用锍捕集贵金属高效而可靠，技术发展侧重于熔炼设备和熔炼制度的不断改进。

（2）贵贱金属分离是决定贵金属回收途径和回收指标的关键阶段，是共生矿综合利用工艺的核心及技术发展的重点，要达到提取铜镍钴产品和以尽量高的回收率富集产出贵金属精矿双重目的。其特点是规模大、过程长、研究和可选择的技术多。当贵金属品位较高时，有色金属冶炼技术实质上转化为富集提取贵金属的载体技术，力求尽早将贵金属从铜镍冶炼工艺中富集分离出来，以减少其积压和周转损失。最新的技术是硫酸介质中加压氧化浸出及氯化物介质中选择性氯化浸出贱金属，使贵金属尽快富集在不溶渣中单独开路进入贵金属冶金系统。但传统的缓冷磨浮、镍电解富集、羰化等技术也在使用。当贵金属品位很低时，在这些工艺中有的一直延续到贱金属相互分离或精炼阶段才能富集提取出贵金属精矿。

从矿石到提取出品位 50%的贵金属精矿，选冶全过程要求的富集倍数，南非为 8 万倍，加拿大为 8 万倍，我国金川需 150 万倍。显然，要求的富集倍数越高，使用的富集工序越多，工艺过程越长，贵金属回收率可能越低。与其他国家大型共生矿相比，金川共生矿中铂族金属品位最低，综合提取的技术难度更大，产量受镍、铜生产规模的制约更大，必须研究和制定有效工艺，才能得到较高回收率。

（3）右半部是矿产及二次资源中涉及"贵金属冶金"的共性技术。包括提取和制备高品位贵金属精矿—贵金属全面有效溶解—相互分离—分别精炼为产品等过程。其特点是规模小，技术密集，要求不断研究和使用新技术以缩短工艺周期，力求工艺中物料闭路循环，避免损失。

不少人希望探索简单的湿法浸出技术，从铂矿石或浮选产出的含铂族金属硫化铜镍混合精矿中直接提取铂族金属。如盐酸介质中加氧化剂（氯气、氯酸钠、硝酸等）浸出，或类似于提金的氰化浸出，再从浸出液中二次富集。

需要指出的是，铂矿石中共生十多种有价金属必须综合回收，6 个铂族金属矿物种类繁多，可溶性差别很大，不少矿物甚至在王水中都不溶，而金矿石中有价金属只有金及少量银。两种矿物原料的化学成分和物质组成以及使用技术的复杂性不可相提并论。除美国曾探索过从高品位原生铂矿的浮选精矿（含铂族 500～700 克/吨）经焙烧及预浸分离含量很少的贱金属和其他易溶组分，再用盐酸和强氧化剂（氯气、氯盐）直接浸出回收铂、钯外（最终也未产业化应用），尚无任何其他研究实例。

用加压氰化技术从汽车尾气净化废催化剂中浸出回收铂、钯、铑，在美国已建立生产线，但若用此技术处理含硫及 11 种有价金属的矿物原料，需分离和回收干扰氰化的硫及贱金属，以及 8 个贵金属的有效回收，技术的可行性和可靠性也需用前述的四个基本原则判断。

二、贵金属二次资源的再生回收

废料再生利用是人类社会可持续发展的重要课题。铂族金属一方面资源过分集中，矿石品位低、提取难、产量少、价值贵、应用广；另一方面许多铂族金属功能材料在使用中失去原性能，但金属损失很少，品位很高，有些废料就是被污染了的纯金属或合金，且多数应用行业的使用范围相对集中易于收集。因此铂族金属二次资源的再生利用对平衡供需有更重要的意义。我国因矿产资源短缺，从 20 世纪 60 年代开始就特别注意建立和发展铂族金属二次资源的再生回收产业。

针对各种含铂族金属的废催化剂、废电子元件、电器接点、热电偶、废浆料、废旧坩埚、生产玻纤的漏板、废渣等，国内一些研究部门研究并推广了许多技术和工艺，至今我国已基本按化学化工、石油化工、玻璃玻纤、首饰、军工仪表等行业，分别建立了不同规模的再生回收工业。再生回收金属量提供一半以上的需求周转，成为解决我国铂族金属供需矛盾的重要途径。

多数二次资源含一种、两种、多至三种贵金属，品位高。其分离和精炼技术，与矿产资源提取冶金技术的发展相辅相成，互相移植、借鉴、通用、国际上研究发展很活跃。现在针对任何成分和状态的二次资源，我国都能充分利用已有技术储备，研究和制定先进合理的回收工艺并产业化。

贵金属品位低于 1% 的各类废料，如玻璃工业炉窑废耐火砖，硝酸工业氧化塔炉灰，各种废电子元器件，汽车尾气净化催化剂等，我国都能有效地处理及回收。目前最引人注目的是汽车尾气净化催化剂中铂、钯、铑的有效回收问题。全世界每年生产蜂窝状催化剂 5000 万个以上，每个用铂族金属 1.2 克，耗用铂、钯量占其年产量的一半，铑产量的 90%，从中再生回收铂族金属已成为国内外关注的热点。我国对汽车尾气净化立法后，铂族金属在该领域的用量将不断增加。多数废催化剂中铂族品位比矿石品位高 1000 倍以上，提取流程相对较短，规模也较小。目前研究的富集提取方法分为两类：溶解或熔融硅铝酸盐载体，或直接溶解贵金属。国外用铁作捕集剂进行等离子熔炼，磁选出富集物再处理，直接高压氰化溶解贵金属都已产业化。建立有效的收集回收体系，发展先进的富集、分离、回收技术，扩大产业规模，将是解决我国供需矛盾的重要途径。

三、低品位铂矿资源的开发利用

我国在黑龙江、河北、四川、云南等省发现了十多个低品位铂矿，仅滇西北约 200 公里范围内就发现了 12 处，主要有元谋朱布、热水塘、大理迎风、荒草坝、弥渡金宝山等，地质工作尚不充分。我国从 20 世纪 70 年代开始研究其开发利用，取得了重要进展。虽然目前发现的矿点多数分层不好且已出露地表，氧化蚀变严重的低品位矿，已钻探圈定的矿体，铂族品位多低于 2 克/吨，铜、镍品位 0.2% ～ 0.4%。在某些矿体的坑道探查时，发现有铂钯品位 5 ～ 15 克/吨，铜镍品位高于 0.5% 的原生硫化富矿。针对不同性质的矿石——氧化矿、混合矿、原生硫化矿，我国已研究或正在研究其提取冶金工艺。

云南磷矿资源及钙镁磷肥产量居全国之首，磷矿石配高镁质白云石或蛇纹石熔炼钙镁磷肥有近 100 万吨的生产能力。该法用氧化铂矿替代白云石或蛇纹石与磷矿石共熔，既利用含镁脉石生产优质钙镁磷肥，又同时使贵金属及铜、镍等有价金属富集在熔炼产出的镍磷铁中，全面有效地利用了铂矿石的所有组分，提高了钙镁磷肥生产过程的附加产值。镍磷铁氧化吹炼的炉渣仍然是磷肥，再从含贵金属约 600 克/吨的铜镍合金中分离提取各有价金属。1 个年处理 20 万吨低品位（≈1.6 克/吨）铂矿石，生产 40 万吨钙镁磷肥的厂，即可副产铂族金属 100 公斤，镍、铜 450 吨。这是一个很有推广应用价值的技术。

第三节　铂族金属在现代工业中的最新应用

铂族金属（Platinum - group metals），位于元素周期表中第Ⅷ副族，包括铂（Pt）、钯（Pd）、铑（Rh）、铱（Ir）、锇（Os）、钌（Ru）6 个元素。铂族金属材料因其自身具有优良的物理性能和化学性能而广泛用于玻纤、仪表、精细化工、航空航天等行业。

20 世纪后期，随着空前高涨的汽车工业和迅猛发展的电子工业，铂族金属得到了更加广泛的应用和发展。特别是 20 世纪 90 年代纳米科技出现以后，铂族金属与纳米科技的结合，使铂族金属的力学、电学、光学及催化活性等性能得到进一步提升，广泛应用在高科技领域及现代工业中，并且取得了较好的经济效益和社会效益。

一、汽车工业

我国汽车工业起步较晚，但发展迅猛。2010 年中国汽车产销刷新世界纪录，产量 1826 万辆，销量 1806 万辆，成为仅次于美国的第二大汽车消费国。

随着汽车工业的迅猛发展，汽车尾气也成为城市中最主要的大气污染源，其中一氧化碳、碳氢化合物、氮氧化合物及其产生的光化学烟雾是最主要的污染物，对人体的危害程度最大。

铂族金属在汽车工业中的主要作用就是制成催化剂来净化汽车尾气。催化剂产生至今，分别经历了第一代 Pt/Pd 氧化型催化剂、第二代 Pt/Rh 双金属催化剂和第三代 Pt/Rh/Pd 三金属三效催化剂。

随着催化剂的发展，其铂族金属含量越来越低，而催化性和选择性越来越高。日本马自达公司采用纳米技术研制的催化剂不仅能防止贵金属微粒聚集，并且用在催化剂三路转换器中的高价稀有金属的量可被降低 70% ~ 90% 。目前这方面最先进的催化剂为铂族金属与稀土的合金相担载于蜂窝状氧化物载体上，形成氧化或氧化还原催化剂。

汽车工业是消耗铂族金属的第一大用户，随着世界范围内汽车行业的蓬勃发展，其铂族金属的需求量在总需求量中所占的比例节节攀升。

二、电子工业

20 世纪 80 年代以来，电子工业在中国兴起，并且发展速度惊人，铂族金属在电子工业中起着举足轻重的作用。

铂族金属由于具有高的物理化学稳定性，高电导率和热导率及特有的电学、磁学等性能，在半导体器件制造生产中起关键作用。特别是近 40 年来，半导体器件显著的发展趋势是体积小、速度快、功能多、功耗低，制造集成电路的最小尺寸呈指数型地迅速缩小，这对接触点材料的要求非常高，触点的接触电阻不仅要低，而且在较宽温度范围内要有好的热稳定性、附着性及扩散均匀性，因此铂复合材料和钯复合材料成为弱负荷精密电接触材料和中等负荷开关电器用的电接触材料的主要材料。

铂、钯的纳米粒子具有非常特别的光谱学特征，在光信息处理、激光防护等非线性光学器件方面具有重要的用途。国外研究人员已制备出了钯纳米粒子与二氧化硅的复合玻璃，这些复合玻璃表现出较强的非线性吸收特性，它们在具有空间选择效应的三维光电器件中如超快速光电开关、内部光波导、光栅器件和内部光波导等非线性光电器件方面具有一定的应用价值。

铂族金属因具有优秀的电性能及良好的可焊性能而成为电子浆料的主要成分。如二元系 Pd—Ag 导体、Pt—Ag 导体、Pt—Au 导体及三元系 Au—Pt—Pd 导体、Ag—Pt—Pd 导体及含铂族金属材料的合金导体已在厚薄膜集成电路、电子元器件制造组装中得到广泛应用，目前中国在积极地研究和发展电子浆料，美、日两国仍走在世界前列。

随着超级电容器的应用范围不断扩大，开发高比容的电极材料显得非常重要，由于无定型二氧化钌（RuO_2）的比电容可达 750 法拉/克（F/g），因而是制作超级电容器的最佳选择，目前二氧化钌/碳微线圈材料已得到应用。

三、石油化工

铂族金属不仅催化活性高，而且具有特殊的选择性和多种多样的催化作用，因而铂族金属在石化工业中被广泛地用于制造催化剂。随着全球原油加工能力的迅速上升，催化剂的升级及开发也正在不断地取得新的突破。20 世纪 50 年代后以铂催化剂为主，70 年代研制出双金属催化剂和多金属催化剂，目前应用最广泛的是铂铼、铂锡等双金属催化剂及铂族金属的多相催化剂。国内研究人员采用新型载体一氧化锌（ZnO）制备出用于液化石油气中 C4 馏分选择加氢除丁二烯的催化剂 Pd/ZnO，具有良好的加氢活性和选择性，对丁二烯的加氢转化率大于 95%，选择性大于 90%。

今后几年，全球市场对催化剂的需求将以年均 5.1% 的速度快速增长。目前在催化剂制备方面走在前列的是美国、日本及欧洲等工业强国。我国炼油催化剂虽然已拥有自己的独特技术和生产体系，各类炼油催化剂品种也形成系列化，技术含量与国外催化剂相差无几，但是还存在着规模小、大多数制备成本较高等问题。

四、燃料电池行业

燃料电池是一种能直接将储存在燃料和氧化剂中的化学能高效地转换成电能的发电装置，其能量转换率高达 60% ~ 80%，实际使用效率是普通内燃机的 2 ~ 3 倍，被认为是 21 世纪全新的高效、节能、环保的发电方式之一。

近年来，随着燃料电池的兴起和发展，其消耗的铂族金属逐年增加。电极对燃料电池的性能起决定作用。目前，大多数燃料电池的电极催化剂主要是 Pt/C 或铂合金催化剂，最初用的贵金属催化剂为纯铂，后来发展成为 Pt/C 负载型催化剂，近年来一系列铂的二元合金、三元合金催化剂成为研究热点，如 Pt—Cr/C、Pt—V/C、Pt—Fe—Ni/C、PtRu/C 等催化剂都不同程度地提高了催化剂的比表面和使用效率。

目前国内外都在积极地开展高性能燃料电池电极催化剂的研制开发工作，国内研究人员研制的 PtRu 催化剂，90℃ 时单电池的最大功率密度可以达到 136 毫瓦/平方厘米，其对应的电流密度为 420 毫安/平方厘米；国内研究人员合成的具有中空结构的 PtCo/CNTs 甲醇燃料电池催化剂（CNTs：碳纳米管），不仅具有良好的电催化性能而且提高了贵金属的利用率；美国能源部伯克莱实验室和阿尔贡国家实验室宣布证实，一种新型铂镍合金拥有非常高的活性，比单纯的铂表面高 10 倍，而比铂碳表面高 90 倍。

五、医药领域

恶性肿瘤是世界公认的对人类健康危害最严重的疾病之一，随着经济社会的发展，各国的癌症犯病率越来越多，铂族金属配合物是目前肿瘤及癌症治疗中应用最广、治疗作用最好的一类药物。

铂类配合物能引起靶细胞 DNA 的交叉联结，阻碍 DNA 合成，同时阻碍 DNA 复制，从而抑制肿瘤细胞的生长。20 世纪 70 年代初，顺铂以第一代新型抗癌药推荐用于临床；20 世纪 80 年代以来，卡铂、奈达铂等作为第二代抗癌药获准用于临床；20 世纪 90 年代以来，相继有草酸铂和宋铂、乐铂、奥沙利铂等第三代性能更强的抗癌药获批准进入临床应用。目前还有多个铂配合物正处于临床研究的不同阶段，如环己二胺脂肪酸合铂、氨基环戊胺基苹果酸合铂、乙酸铂等。铂类配合物尤其是第三代和现在正处于临床研究阶段的铂类药物比其他抗癌药物有更好的性能，在肺癌、卵巢癌、睾丸癌、食道癌、膀胱癌、子宫颈癌等治疗上取得了显著疗效。

铂族金属的其他金属配合物也同样有着抗肿瘤的作用，例如，钌配合物毒性低，易于被肿瘤组织吸收，将成为最有前途的抗癌药物之一。

最近新合成的锇配合物毒性低，着色能力强，可有效用于治疗动物的关节炎。双核铑（Ⅱ）的羧酸盐配合物对恶性肿瘤（Sarcoma 180）、艾氏腹水瘤、白血病（P388 Leukemia）等有强的抑制活性。

钯的单、双核配合物对肉瘤和老鼠肝脏具有抗癌活性。铱广泛被报道用于治疗舌体癌、食管癌、宫颈癌、支气管腔内肿瘤、口腔癌、泌尿系肿瘤等其他恶性肿瘤。

另外，镀铂的钛阳极可用于血液的净化；铂、银/氯化银、金、过氯酸烃、钯/氧化钯等组成的微电极，可以直接插入人体动脉中，测定血液中的葡萄糖、氧、一氧化碳等浓度、pH、血液流动情况及温度变化等，对病人进行即时的诊断等。

六、其他行业的应用

航空航天领域：铂族金属的复合材料具有耐高温抗氧化抗腐蚀特性，已广泛用于航空、航天与空间技术。美国航天航空局（NASA）利用钇弥散强化的铂作为宇宙空间站发动机的材料；含 0.6% Y 的铂合金可作为宇宙火箭的零件；Hf—Pt 及 Hf—Pt—Zr 合金在宇宙空间技术中作为结构材料；在铂合金中加入微量的 Rh 或 Ru，能够大幅度延长火花塞电极的寿命；使用 Pt—Ir 及 Pt—Ni 合金制造的复合火花塞电极，可以减少中心电极的龟裂。

首饰行业：铂、钯是在首饰行业应用最多的铂族金属。近 10 年来，由于我国铂金首饰的长足发展，用铂量直线上升。2007—2009 年，我国首饰用铂金分别为 27.3 吨、28.3 吨和 48.9 吨，分别占当年全球首饰铂金用量的 47.2%、55.6%、69.7%，同比增长则分别为 5%、3.7%、72.8%。

2007—2009 年，我国首饰用钯金分别为 25.7 吨、26 吨、21.7 吨，分别占当年全球首饰钯金用量的64.4%、64.5%、60.6%，占比均超过60%。

目前中国首饰市场，实际已经形成了铂首饰、钯首饰和黄金饰品三足鼎立的态势。

烟草行业：在烟草行业中，铂、钯是一氧化碳氧化催化材料中使用最多的材料。早期应用铂、钯金属线或金属薄片进行的研究，由于其比表面较小、分散度较差，因而催化活性较低。后来研究通过添加适量的过渡金属或稀土元素，可明显提高铂、钯负载催化材料的一氧化碳氧化性能。

另外，铂族金属催化剂还可以用于氨合成和硝酸制取等精细化工领域；铂及其合金广泛用作熔融玻璃、制备玻璃纤维和某些晶体材料的漏板、电极、搅拌棒和其他结构部件；纳米铂族金属管有很高的比表面积，是很理想的储氢材料；纳米铂载于三氧化铝（Al_2O_3）粉末上，可用在可燃气体传感器中，铂族金属是制备传感器的绝佳材料；铂、钯贵金属制剂还可作为装饰材料，经其点缀的陶瓷玻璃银色清新淡雅可作为高档装饰或艺术品。

第四节　从汽车尾气废催化剂中回收铂族金属

由于铂族金属对汽车尾气特有的净化能力，每年超过60%的铂、钯、铑都用于生产汽车尾气净化催化剂。2008年，汽车尾气催化剂中铂的用量达到了118.3吨，钯为136.2吨，铑为23.6吨。尽管很多机构都在研究新型催化剂来取代或减少铂族金属的使用，但随着汽车数量的增加和环保标准的提高，铂族金属的需求还会进一步增长。这样，用于汽车催化剂的铂族金属就成为一座"可循环再生的铂矿"。

由于铂族金属资源稀少、价格昂贵，从汽车尾气废催化剂中回收铂族金属十分重要，各国政府也很重视，世界上著名的贵金属精炼厂都有汽车尾气废催化剂的回收业务。2008年，全球从废汽车尾气催化剂中回收了铂31.3吨、钯32.6吨、铑6.4吨。

在中国，未来数年中，随着装有尾气净化装置的汽车开始大量进入报废期，会有大批的含铂族金属的汽车尾气催化剂需要处理，对铂族金属回收技术也提出了更高的要求。

一、汽车尾气催化剂

汽车尾气催化剂的种类有很多，最早的是以 γ—Al_2O_3 为载体的颗粒状催化剂，现在最常用的是以堇青石（$2MgO \cdot 2Al_2O_3 \cdot 5SiO_2$）为载体的蜂窝状催化剂，载体

表面是 $\gamma—Al_2O_3$ 涂层（重量为催化剂的 10%），起催化作用的铂族金属就分散在涂层中。

由于汽车的大小和型号不同，汽车尾气催化剂中铂族金属的含量差别较大。铂、钯、铑三种金属的比例也没有统一的标准，三种金属总含量为 1000～2000 克/吨。用过的催化剂可能还含有锰、碳、硫和磷等杂质。在去壳过程中，部分硅、铁和铬会混杂在废催化剂中。在使用过程中，钯、铑会氧化形成氧化钯（PtO）、三氧化二铑（Rh_2O_3）等难溶氧化物。高温下，$\gamma—Al_2O_3$ 涂层部分转变为难溶于酸的 $\alpha—Al_2O_3$。

由于原料组成差别大、杂质含量高，汽车尾气废催化剂的处理难度较大。目前，从汽车废催化剂中回收铂族金属分为湿法工艺和火法工艺。

二、湿法工艺

汽车尾气催化剂多是以堇青石为载体的蜂窝状催化剂，湿法处理这种汽车尾气废催化剂一般都是将铂族金属活性组分溶解。由于技术相对简单，设备投资较小，湿法工艺回收废催化剂中铂族金属的研究比较多，其大致工艺流程为：废催化剂磨碎后，用酸溶液处理，使铂族金属溶解进入溶液与载体分离。该工艺的核心在于浸出过程，按照浸出压力可以分为常压化学溶解法和加压化学溶解法。

1. 常压化学溶解

湿法过程中常用盐酸（或盐酸＋硫酸）＋氧化剂（如氯酸钠、氯气、硝酸等）溶解催化剂中的铂族金属，过滤使铂族金属与载体分离，再从滤液中用置换法（锌粉、铝粉、铁粉）或沉淀剂（硫化钠、硫氢化钠）沉淀铂族金属。浸出液中的贱金属如铅、镁等留在溶液中，实现贵贱金属分离，使铂族金属得到富集。

2004 年，美国 SepraMet 公司在休斯敦建成了采用全湿法技术从汽车尾气废催化剂中回收铂族金属的工厂。先浸出催化剂中的铂、钯、铑，再用 IBC 公司开发的不同的分子识别材料分离浸出液中的铂、钯、铑。浸出液中铂、钯的回收率约为99%，铑的回收率大于98%。工厂产生的废水用碱（氢氧化钠或氢氧化钾）中和处理后进入当地市政污水处理厂，废渣拉到当地市政垃圾填埋场处理。国内采用常压溶解法处理汽车尾气催化剂，铂、钯、铑的回收率分别为96%、97%、90%。

国内有很多回收企业采用水溶液氯化法溶解铂族金属。由于不溶渣中铂族金属含量偏高，铂族金属回收率较低，不溶渣需要反复处理，十分烦琐。

常压浸出的技术比较成熟，对设备的要求也不高，很多回收企业都采用这种方法。其缺点也是非常明显的，汽车尾气催化剂使用过程中，局部温度很高，部分 $\gamma—Al_2O_3$ 涂层会转变为不溶的 $\alpha—Al_2O_3$。被包裹的铂族金属很难溶解，影响回收率。另外，钯、铑氧化形成氧化钯、三氧化二铑等王水都难溶的氧化物，降低了钯、铑的回收率。铂、钯的浸出率约为90%，铑的浸出率低于70%。然而，不溶渣中铂族金属的含量仍然很高，为100～200克/吨，远远高于铂族金属矿石，需要进一步处理。而且，浸出过程中都会产生大量的废水、废气，对环境的影响较大。

2. 加压化学溶解

常压溶解渣中铂族金属含量较高，因此加压强化浸出过程的研究成为热点。但采用常用的盐酸＋氧化剂体系溶解铂族金属的同时，也会严重腐蚀设备，因此采用低腐蚀的浸出液是必要的。

美国Bureau矿业公司研究用氰化物溶液溶解贵金属实现贵金属的回收。由于在常压下铂族金属浸出率不高，研究人员试图以高温高压的方式强化浸出过程。实验过程为：20g粉碎过的废催化剂，在高压釜中用5%的氰化钠溶液于160℃浸出1小时。铂、钯、铑形成可溶的氰化络合物进入溶液，铂、钯、铑的浸出率分别为95%、95%、90%。过滤后将滤液返回高压釜，250℃保温1小时，使氰化物分解，铂、钯、铑从溶液中沉淀析出，实现贵金属的富集，同时过量的氰化钠也会分解。陈景院士也对加压氰化法做了很多实验研究，铂、钯、铑的浸出率分别达到了98%、99%、96%。

加压氰化法减少了对设备的腐蚀，但是要大量使用剧毒的氰化钠，可能带来较大的危险。而且对于用过的废催化剂，加压氰化浸出法还是未能克服湿法过程中铂族金属浸出率不高、浸出率不稳定（甚至相差10%～15%）等问题。目前此方法还处于研究探索阶段，未见产业化的报道。

通过对湿法工艺的研究发现，此类方法的主要缺点是不溶渣中铂族金属含量偏高，铂族金属的回收率偏低。另外，产生大量的废水也限制了湿法工艺的应用。

三、火法工艺

由于湿法存在着诸多问题，很多研究人员倾向用火法工艺富集汽车尾气废催化剂中的铂族金属。

很多国际知名的贵金属公司都采用火法富集铂族金属。火法工艺利用熔融状态的铅、铜、铁、镍等捕集金属，或利用硫化铜、硫化镍、硫化铁对铂族金属具有特殊亲和力的特点，实现铂族金属的转移和富集。大致工艺包括粉碎、配料、造粒、熔炼造渣、吹炼等过程。最后用湿法处理含有铂族金属的合金或锍，实现铂族金属的回收。同时，由于无铅汽油的使用，废催化剂的含铅量大大降低，避免了火法工艺中铅污染的难题。

四、结语

从汽车尾气废催化剂中回收铂族金属的研究和技术路线多种多样，生产中湿法工艺和火法工艺都有应用。现有的资料表明，湿法技术存在着铂族金属回收率低、产生大量废水等问题。因此业内一般提倡采用火法工艺富集铂族金属，减少试剂用量，提高回收率，可以大幅提升处理能力，对环境更友好。

第五节 废弃家电及配件中贵金属的回收利用

一、回收利用废旧家电产品成为当前亟待解决的问题

21 世纪，信息、材料和生命科学得到飞速发展，信息技术、信息载体和信息材料的更新是科技发展的必然趋势。科技发展史表明，人类文明的每一次进步都对人类生活带来了极大的好处，但与此同时，也都伴随着环境遭受污染的代价。国家发展改革委统计数据显示，2015 年全国居民家庭平均每百户仅移动电话拥有量就达到了 224.8 台，其他如电冰箱、洗衣机、电视、计算机等家用电器成为大多数城镇和农村居民的必备用品，给人们生活带来极大的便利。

人们在享受信息技术和工具更新带来便捷的同时，淘汰和报废的家电正越来越成为社会的负担。并且废旧家电中含有大量的重金属、多溴联苯（PBB）、多溴联苯醚（PBDE）等有毒有害成分，处理不善将对环境造成严重的污染。然而，废旧家电中含有许多可以资源化利用的材料，如塑料、电子板卡、显像管材料等。因此，回收利用废旧家电产品成为当前亟待解决的问题。

家电废弃物中含有多种可供回收再利用的材料，据统计：1 吨随意收集的电子板卡中含有大约 272.4 千克塑料、130 千克铜、0.45 千克黄金、41 千克铁、29.5 千克铅、20 千克镍、10 千克锑、9 千克银及钯、铂等贵金属，仅这 0.45 千克黄金就价值 21000 美元。因此回收其中的贵金属在整个回收环节中是最能产生经济效益的。事实上，普通金矿的含金量即使品位低至 3g/吨也具有开采价值，经选矿得到的金精矿也只有 70 克/吨左右，与废家电板卡中的含金量 450 克/吨相距甚远。

二、从废弃家电中回收贵金属的传统方法

电子电器废弃物一般是先经过预处理工艺，手工拆解与分类。经过手工和机械辅助拆解，各种电子元器件得以分离，对可再使用的部分可以进行可靠性检测后重

复使用，对有毒有害的部分单独处理。拆解后就可以进行回收处理。

目前，国内外废家电的回收利用以金属（包括铜、镍、铅、锡、铁等贱金属和金、银等贵金属）为主，回收贵金属的工艺技术主要分为火法冶金、湿法冶金和机械法。

火法冶金技术主要包括焚化法和裂解法，指利用高温使家电板卡等部件中的非金属物质与金属物质相互分离，部分非金属物质变成气体逸出熔融体系，另一部分呈浮渣形式浮于金属熔融物料上层，可分离去除贵金属在熔融状态下与贱金属形成合金，除去表面的浮渣后，将熔融合金注入相应模具中冷却，再通过精炼或电解处理使贵金属与贱金属分离，同时使各贵金属相互分离。此法回收效率高、简便，但容易产生废气、废渣二次污染，且能耗大，设备昂贵。

湿法冶金也是目前应用较为广泛的从电子废弃物中提取贵金属的方法，并且早在20世纪70年代就已经被西方发达国家所采用，废弃物颗粒在酸性或碱性条件下浸蚀。浸出液再经过萃取、沉淀、置换、离子交换、过滤以及蒸馏等一系列过程，最终得到高品位及高回收率的金属。湿法冶金处理过程中要使用强酸和有剧毒的氰化物等，产生的废液含有重金属、氰化物等物质，废水处理成本高。

机械法又称为物理法，是根据物料的物理特性，如密度、导电性和磁性等性质所存在的差异性来回收金属的方法。一般是先通过破碎机把物料破碎到合适的粒径，再通过磁选、风选、电选、浮选对各种材料加以分离。该法具有处理成本低和对环境造成的二次污染小等特点，符合当前的市场需求，因此具有一定的优越性。目前，该方法是发展最快和应用最广泛的从电子废弃物中回收金属的方法。

三、从废弃家电中回收贵金属的新方法

1. 电解过滤法：在一定的 pH、温度、电解质的条件下，通过电解反应，使阳极上废旧电子电器的金属的各种成分得以分离，活性强的先溶解，活性弱的则沉淀。然后，在不同电压下分别过滤回收。湿法冶金技术回收废家电中的金属的基本原理是利用废家电中的绝大多数金属（包括金等贵金属和贱金属）能在硝酸、王水等强氧化性介质中溶解而进入液相的特性，使绝大部分贵金属和其他金属进入液相而与废家电中的其他物料分离，然后从液相中分别回收金等贵金属和其他贱金属。这种方法既可用于普通金属回收，也可用于贵金属回收。但生产中会产生废水污染，并且能耗大。

2. 生物浸取法：生物技术提取贵金属是利用许多生物体对金银等贵金属有特殊的亲和力，用细菌浸取贵金属。20世纪80年代开始研究，目前尚未应用到实际生

产中。

生物技术提取贵金属的基本原理是利用 Fe^{3+} 的氧化性将贵金属合金中的其他金属氧化或溶解，贵金属裸露便于回收，还原得到的 Fe^{2+} 可被细菌氧化成 Fe^{3+} 再用于浸取贵金属。

还有一种方法是利用菌体细胞通过络合、沉积、氧化还原、离子交换等作用对贵金属离子吸附，然后把细胞回收起来，提取其中的贵金属。有研究人员用处理好的家禽羽毛包埋牙支状枝孢霉，固定化细胞吸附 Au^{3+} 的能力较强，在酸性条件下（pH = 1～5），吸附率达88%，吸附量达110毫克/克。

生物技术提取贵金属具有工艺简单、操作方便、费用低等优点，但浸取时间长、浸取率较低。由于该方法能够大大减少贵金属二次资源处置过程中的酸碱和氰化物的使用量以及减少火法冶金处置过程中的烟尘排放量，从经济效益和环境保护的角度看，具有较大的应用前景，代表着未来技术的发展方向。

3. 活性炭、特种树脂等多孔性物质的吸附技术：通过吸附材料对废旧电子电器的含贵金属料液进行吸附。国内研究人员利用自制黄原酯棉吸附回收废弃 PC 家电电路板中的金，回收率在85%左右，回收的金纯度为99.59%。本方法简单，成本低，回收纯度较高。

第六节　贵金属核壳纳米粒子研究

核壳型纳米粒子是近年来备受关注的一类多功能新型材料。通过对裸核粒子包覆，大大提高核粒子的稳定性和分散性，改变了它们的原有性质，为开发纳米材料多方面的潜在应用提供了良好的契机。贵金属核壳纳米粒子是以贵金属作为核或壳（其中贵金属主要包括铂、钯、银、金）所形成的核壳材料。通过调节核壳尺寸和化学成分可改变其性质，实现对纳米粒子性质的可控合成。由于贵金属团簇或胶体纳米化后，展现出很多新的光学性质和物理学性质，使贵金属核壳材料在材料科学和分子电子学以及基于表面增强效应的荧光工程学领域具有广泛的应用前景。如用作催化剂、生物和化学传感、表面增强拉曼散射（SERS）研究和用作敏化标记等。

根据贵金属核壳材质不同，可将贵金属核壳纳米材料分为以下几类：贵金属/贵金属、金属/贵金属、贵金属/非金属和非金属/贵金属等。

一、贵金属核壳纳米粒子的制备方法

目前，贵金属核壳纳米粒子的制备方法主要有扩散法、模板法、溶胶—凝胶法、化学还原法、热处理法和光化学法等。

1. 扩散法

扩散法是一种物质在另一种物质表面生长，在一定的反应条件下，进一步扩散到另一种物质内部形成复合材料的方法。由于扩散过程与电子轨道杂化过程密切相关，近年来金属扩散到半导体材料内部形成块体材料引起广泛研究。

2. 模板法

研究人员采用简单的模板技术合成多核 Au/SiO$_2$ 壳的中空纳米胶囊，贵金属金或铂纳米粒子位于壳的内表面上，通过纳米粒子的自组装过程得到一些二聚体、三聚体、四聚体的超结构空心壳材料。研究发现，氯是非常有效的中间配体。

3. 溶胶—凝胶法

溶胶—凝胶法是制备贵金属/氧化物（其中氧化物为二氧化锆（ZrO$_2$）、二氧化钛（TiO$_2$）、三氧化二铁和二氧化硅（SiO$_2$）等，贵金属为金、银、钯等）型核壳纳米粒子的常用方法，通常是利用化学还原法合成出贵金属的核，然后将它作为种子，在其表面水解金属有机盐，制备出贵金属/氧化物核壳纳米粒子。该种方法的优点在于，氧化物壳层易于控制，通过控制反应条件可得到不同厚度的壳层。

4. 化学还原法

化学还原法是制备氧化物/贵金属（其中氧化物为二氧化硅）、二氧化锡（SnO$_2$）、二氧化钛（TiO$_2$）、三氧化二铁和四氧化三铁（Fe$_3$O$_4$）等，贵金属为金、银、钯等）型核壳纳米粒子的常用方法。与溶胶—凝胶方法不同的是，它是以氧化物为核的反向包覆过程。

制备过程中，通常先利用有机物对氧化物表面进行表面修饰，使其表面带有一些易于连接贵金属的官能团，然后通过化学键将贵金属固定在氧化物的表面，再用化学还原法制得氧化物/贵金属型核壳纳米粒子；也可以通过简单的静电作用，将含有贵金属的离子吸附在氧化物的表面，通过进一步的化学还原反应制备出氧化物/贵金属型核壳纳米粒子。

研究表明，这一结构的纳米粒子会直接影响金属和半导体纳米团簇的光物理性质和光催化性质，并能提高表面电荷迁移速度。

5. 热处理法

热处理法首先利用合适的保护剂分子分别对核壳粒子表面进行修饰，再利用热引发核壳粒子不同界面间发生聚合反应制备核壳纳米粒子。

该方法的优点在于，能够非常有效地控制粒子尺寸及粒子的表面性质，所制备出的 Fe oxide/Au 纳米粒子分散性好，为开拓蛋白质与金表面的连接反应和铁氧化物

（Fe oxide）核的磁性生物分离提供了良好的条件，大大提高了实际应用的可能性。

6. 光化学法

虽然化学还原法是制备贵金属核壳纳米粒子的一种常用方法，但为了更系统地研究它们的性质以及充分利用它们的潜在价值，如何实现核壳和纳米壳的可控合成就显得尤为重要。光化学法是一种简单的制备核壳纳米粒子的方法。它的优点在于，通过光源的调节可随时终止反应，较大程度上实现贵金属核壳纳米粒子的可控合成。

二、贵金属核壳纳米粒子的应用

1. 催化方面

二氧化铈（CeO_2）纳米粒子具有很强的储放氧的能力，在催化领域应用很广。若在其表面分散一些金纳米粒子，则可大大提高催化活性。这种催化剂对一氧化碳、甲醇的氧化和低温水煤气反应都具有高活性。同样可利用金的优异性能，在陶瓷壳层表面包覆二氧化硅、二氧化钛后，不仅提高了粒子的力学稳定性，而且作为催化剂壳层中的多孔结构更利于反应物和产物的扩散，将其作为催化剂用于硼氢化钠（$NaBH_4$）还原铁氰化钾（$K_3[Fe(CN)_6]$）反应中，实验结果表明，金杂化的陶瓷中空壳层结构可大大提高反应的催化效率。

2. 生物方面

金纳米棒结构中的特殊几何形状使它在生物传感、成像和诊断应用中占据很大的优势。研究人员在金纳米棒上均匀地包覆一层二氧化硅，将其组装在 PVP 修饰的硅片上形成均匀的二氧化硅包金（Au_{rod}/SiO_2）膜，膜上的氨基基团能与羊抗人体免疫球蛋白形成共价连接，为免疫球蛋白（IgG）的颜色探测提供良好的反应模型。更直观的是，用肉眼观察或通过光吸收的变化均可监测到二氧化硅包金膜上的蛋白质识别过程。

三、贵金属核壳纳米粒子研究展望

目前人们已经看到贵金属纳米粒子具有很多优良的特性，将贵金属的独特性质与其他功能材料的性质结合起来，帮助开发出多功能性的新材料、开拓新应用，已经成为纳米材料研究领域的一个新的热点。如何实现对核粒子大小、壳层厚度、几何均匀性的可控合成、特性研究以及充分发挥它们的多功能性，仍是当前科研工作的热点和难点，需广大科研人员的努力。

第七节 离子液体负载铂族金属催化剂

传统有机合成反应大都在有机溶剂中进行，有机溶剂挥发性较强，而且还易燃易爆，离子液体作为一种无挥发、不燃烧、室温为液态的溶剂，正广泛地应用于各种有机合成反应。在离子液体中，大部分有机合成反应表现出有别于传统分子溶剂的反应历程和结果。

铂族金属催化剂能改善体系的反应条件，使需要苛刻条件的反应在温和条件下就能进行。而在离子液体中，两者优点相结合，铂族金属催化剂表现出更好的活性、重复性和选择性以及更好的可分离性，有着广泛的工业应用前景。

铂族金属催化剂最广泛的应用之一是催化烯烃加氢，但是产物与反应物的分离问题一直是制约它发展的一个瓶颈。而离子液体的出现，使它的发展出现了新的转机。与水和其他普通有机溶剂相比，离子液体在简单的烯烃、二烯烃及芳烃等物质的加氢反应中表现出很大的优势，这可能是由于离子液能溶解铂族金属催化剂，并且自身又拥有部分催化性能，兼顾了溶剂与共催化两种作用。

铂族催化剂在离子液体中获得新的催化性能，重复性良好，活性下降慢，分离性能得到提高。而且使用离子液体，对环境影响较小，催化剂的回收问题也能得到比较好的解决。

离子液体的良好性能早就在国际上得到认可。美国化学年会、北大西洋公约组织、国际绿色化学会议等均就离子液体专门举行了研讨会，即高登会议，普遍认为离子液体介质与功能材料在满足社会可持续发展和科学技术自身发展的需求方面蕴含着巨大潜力。

值得指出的是，美国的多个国家实验室以及海军、空军机构均在开展离子液体研究；日本在此领域的研究也有后来居上之势。国际上第一个以离子液体为特色的大规模工业应用已在德国 BASF 实现。在英国和法国，涉及离子液体的多项技术已进入工业应用前期。我国也有数十所大学和研究所开展离子液体研究并取得了良好进展。

但是，离子液体成本相对比较高，所以在目前的化工领域还未得到大规模普及与应用，即使是德国 BASF 的离子液体，也只是适用于有限的工艺，不像传统有机溶剂的应用那样广泛。离子液体失效后还可以重生，但是重生也需要其他化学试剂，而这些化学试剂同样会对环境造成污染。再者，离子液体还存在一定毒性，并非想象中的无毒无害。

可持续发展是目前人类面临的一个重大问题，而化工是与人类息息相关的一门产业，如何实现原子经济的最优化，即如何使化工绿色化、可持续化，是目前人类发展的一大问题。而离子液体作为绿色化学的一个介质平台，虽然有一些缺点，但是相信通过科学家的研究与努力，终将扬长避短，使离子液体成为化工产业绿色化的一个重要力量。

第四章　贵金属领域
主要政策、法规及交易制度

　　贵金属兼有商品交易和金融投资两种属性，因此，贵金属的生产和交易受到各国相关的商品交易法规、管理条例以及金融投资法规和市场规则的限制。由于金、银曾经担任全球本位货币的角色，其交易也受到相关国际组织所制定规则的限制。贵金属投资分析师在进行贵金属投资和代理投资时，需要熟悉国内外有关贵金属交易的相关法规和市场规则，以及相关的国际惯例和国际制度。

第一节　《商品交易所法》要点解析

　　1922 年，美国国会通过《谷物期货法》，构建了当今美国期货监管体系的核心。该法旨在防止价格操纵，要求交易所必须采取措施防止会员散布虚假和误导性的市场信息，建立防止价格操纵行为和逼仓行为的制度。1936 年，美国国会修订了《谷物期货法》，并更名为《商品交易所法》，从根本上奠定了现代期货法律管理的框架。这部法律的基本内容包括：

　　1. 强化政府管理权限，明确设置专门对期货市场进行监管的政府部门——商品交易所委员会，该委员会由农业部部长、商业部部长、司法部部长或由他们指定的代表所组成，具有审批、管理期货市场的权限。加强了联邦政府对期货交易的直接监管，政府可以建立期货投机的最高头寸，可以收集个人交易者的头寸信息。

　　2. 扩大了法律规定的期货交易品种的范围，扩大了商品交易范围。该法律涵盖了当前美国期货市场上交易的所有品种。

　　3. 针对期货投机交易和垄断行为做出了规定，授权执行机关取缔操纵价格、散布虚假信息以及地下交易等扰乱市场的行为，赋予交易所直接惩罚违规行为的权力。

第二节　《商品期货交易委员会法》要点解析

　　1947 年，美国商品交易所管理局成立并取代了原商品交易所委员会。1974 年的

《商品期货交易委员会法》建立了一个新的机构——商品期货交易委员会（CFTC）对期货市场进行管理。这个机构拥有对全国范围内所有期货交易行为的管理权力，由美国国会授权，并向国会汇报工作，受国会监督。商品期货交易委员会下面设有四个部门：交易市场部负责对期货交易所是否符合市场监督的要求和履行相关的法律法规义务做出判断，并对合约市场计划进行审查，拟定营业注册管理规则，并对管理规则进行监督和审计；经济分析部负责对市场交易情况进行分析，防止出现价格操纵和市场崩溃，同时负责审查新上市的合约法规执行，不负责保护客户的利益，对违反投资者利益的行为进行调查和投诉；首席理事办公室管理法律咨询以及诉讼业务，是所有司法规则和行政管理事务的复审机关。

法律规定，商品期货交易委员会的主要职责包括以下几个方面：

1. 对交易所进行管理。委员会通过对交易所交易规则申请的审批和对上市交易合约的审批，以及对交易所业务活动的审查来管理期货交易所，对交易所的地理位置、质量检验和服务部分、交易规则、会员管理、交易记录、仲裁程序、合约内容等进行审批和检查。

2. 对市场参与者进行监督。委员会规定在期货市场进行交易的人都要在委员会中进行登记，包括会员经纪公司、经纪人、期货咨询公司和个人。委员会有权否认交易所批准的会员资格，也有权在会员违反期货交易法规的时候取消其会员资格。委员会要求期货经纪商必须将代理资金分立账户，禁止挪用客户资金以作他用。委员会有权随时审查市场参与者的活动，如果发现有违反法律的行为，委员会可以采取适当的处罚措施。

3. 传播市场信息。委员会定期公布报表披露各大交易所的市场交易情况、商品存货情况，并要求交易所公布各项商品的每日交易量和未平仓合约数量。

4. 规定最大持仓量和每日价格最大波动幅度。委员会为了防止市场上出现不公平的竞争现象和过分投机而对交易数量和价格波动做出限制，但是这项规定只针对投机者不针对套期保值者。

5. 仲裁和处罚。委员会要求各个交易所在文件中要对交易纠纷和仲裁程序进行规定，对于违章交易的处罚行为和赔偿要有所规定。

第三节　美国全国期货协会相关规定

美国全国期货协会（NFA）是根据美国《商品交易法》第 17 节的规定，于 1976 年组建的期货行业自律组织，属非营利性会员制组织。《商品交易法》第 17 节源自 1974 年的《商品期货交易委员会法》第三章，该部分规定了美国全国期货协会的登记注册和 CFTC 对期货专业人员自律管理协会的监管。1981 年 9 月 22 日，CFTC 接受 NFA 正式成为"注册期货协会"，1982 年 10 月 1 日，NFA 正式开始运作。NFA 履行的几项监管职责为：

1. 审核和监督会员必须符合 NFA 的财务要求；

2. 制定并强制执行保护客户利益的规则和标准；

3. 对与期货相关的纠纷进行仲裁；

4. 审批 NFA 会员资格，期货代理商（FCMs）、介绍经纪人（IBs）、商品交易顾问（CTAs）和商品合资基金经理（CPOs）都可以成为 NFA 的会员；

5. 按照第 17 节的授权，NFA 履行《商品交易法》中先前由 CFTC 履行的一些登记注册职能。

第四节　《国际货币基金协定》要点解析

国际货币基金组织（IMF）关于国际货币体系制定的《国际货币基金协定》经历了一个长期发展过程，该协议最早于 1944 年 7 月 22 日在布雷顿森林的联合国货币金融会议上签署，并奠定了美元与黄金双挂钩的布雷顿森林体系的基础。1976 年《牙买加协议》做出的关于黄金非货币化的修改于 1978 年正式生效，从此美元币值与黄金脱钩，黄金不再行使国际货币的职能，退出了国际货币体系。

1978 生效的修改后的《国际货币基金协定》删除了 1944 年有关黄金的所有规定，宣布：黄金不再作为货币定值标准，废除黄金官价，各国的货币当局按照自行确定的价格对各自黄金储备计值，可在市场上自由买卖黄金；取消对 IMF 必须用黄金支付的规定；出售国际货币基金组织 1/6 黄金，所得利润用于建立帮助低收入国家优惠贷款基金；设立特别提款权代替黄金用于会员国与 IMF 之间的某些支付；等等。

《国际货币基金协定》的相关具体条款如下：

（一）第四章（有关汇率安排义务）第二节（一般汇率安排）

1. 每个成员要在本协议第二修正案出台之后三十天内通报国际货币基金有关他们将要根据本协议而实施的汇率安排职责，并且需要立刻向基金通报有关它们汇率安排方面的变动。

2. 1976 年 1 月 1 日之后在国际货币体系下成员国可以选择：（1）由成员国选择

的，根据特别提款权或除黄金以外的其他名义量而确定的货币价值，（2）成员国维持的与其他成员国货币价值相关的本国货币价值的合作性安排，（3）成员国选择的其他汇率安排。

3. 与国际货币体系的发展一致，基金可以以总投票权85%以上的大多数制定一般性汇率安排，不限制成员国与基金目标一致基础上的汇率安排选择。

（二）第五章（基金运作管理）第十二节（其他运作和事务）

1. 基金应该遵循第八章第七节中规定的目标，遵循避免进行价格管理，或避免在黄金市场上建立任何固定价格的目标指导本节中所制定的政策和决定。

2. 基金有关下面第3项、第4项、第5项条款的运作和事务处理的决定要经过总投票权85%以上多数通过。

3. 基金可以在与成员国协商之后向成员国卖出黄金换取成员国货币，本条款下对成员国的销售必须在市场价格的基础上进行。

4. 基金可以接受成员国除了黄金之外用特别提款权和货币进行支付。本条款中任何交易和事务中的支付应该在市场价格的基础上进行。

5. 基金可以在第二次修正案出台之前按照成员国份额比例向1975年8月31日以前的成员国销售和购买黄金。在本条款下向成员国销售的黄金按照一个特别提款权等于0.888671克足金计算。

（三）附件B（关于回购、额外认缴支付、黄金和某些操作事务）

成员国在第二修正案出台之前未清偿的回购义务，可以用特别提款权清偿对基金回购的黄金支付义务。对于那些在本协议第二修正案出台之前未完成的回购，基金可以：

1. 在1975年8月31日按照成员国拥有的份额销售2500万盎司足金给那些愿意购买的成员国。这一销售按照货币等价原则，以一个特别提款权等于0.888671克黄金进行。

2. 在1975年8月31日以有利于发展中国家成员国的方式销售2500万盎司黄金，如果销售黄金有利润或剩余价值，按照一个成员国份额占所有成员国总份额直接分配给这些成员国。基金与成员国进行协商，获得成员国同意，或者在特定的情况下以一个成员国货币交换另一个成员国的货币应该根据基金销售黄金所获得的并放在一般资源账户（General Resource Account）中的货币进行。根据一个特别提款权等于0.888671足金销售黄金所获得的货币收益及其等价物应该以普通资源账户方式持有，此安排下基金的其他资产与普通资源账户分开持有。本安排结束后仍由基金支配的资产归于特殊支付账户（Special Disbursement Account）。

（四）附件 C（关于货币平价）

1. 基金应该告知成员国根据本协议和本附件的精神，按照特别提款权或基金规定的其他名义量来确定货币平价，该名义量不应该是黄金或单一货币。

2. 计划确定货币平价的成员国应该在得到通知后一段时间内将确定的货币平价告知基金。

3. 不计划确定货币平价的成员国应该与基金协商，保证它的汇率安排与基金的目标一致。

第五节　我国贵金属市场主要政策与法规

一、《中华人民共和国金银管理条例》要点解析

中国目前针对黄金、白银交易最主要的法规是1983年由国务院发布的《中华人民共和国金银管理条例》（以下简称《条例》），该条例的出台在当时是为了加强对黄金和白银的管理，保证国家经济建设中金银的需要，取缔黄金和白银走私和投机倒把活动。《条例》确定了国家对黄金实行统一管理、统购统配的政策原则，规定境内机构的一切黄金收入和支出都纳入国家金银收支计划。《条例》还确定了黄金的主管机关为中国人民银行，负责管理国家黄金储备、黄金的收购与配售，并会同物价部门制定和管理黄金收购与配售价格，审批加工、销售、经营的黄金制品，管理和检查黄金市场。《条例》保护个人合法所得的黄金，但是禁止境内一切单位和个人计价使用黄金、私下买卖和借贷抵押黄金。

金银的统购原则是指金银的收购统一由中国人民银行办理，任何没有得到中国人民银行许可的单位和个人都不能收购黄金，任何单位和个人持有的金银都必须交售给人民银行。具体而言，包括以下几项：1. 从事金银生产（包括矿产生产和冶炼副产）的厂矿企业、农村社队、部队和个人采炼的黄金，必须全部交售给中国人民银行，不能自行销售、交换和留用；2. 生产过程中的金银成品和半成品，也要按照有关规定进行管理，不能私自销售和处理，从矿产和废料中回收的黄金也要交售给人民银行；3. 从国外进口的金银和矿产品中采炼的副产金银，除了允许留用的或者规定用于加工贸易的金银以外，都要交售给中国人民银行，不能自行销售、交换和留用；4. 个人出售的金银必须卖给中国人民银行；5. 一切出土的无主金银都为国家

所有；6. 公安、司法、海关、工商行政管理、税务等国家机关依法没收的金银都应该交售给中国人民银行。

金银的统销原则是指金银的销售由中国人民银行进行统筹，需要使用金银的单位只能按照规定程序向中国人民银行提出申请，并由中国人民银行审批之后进行供应，境内的外资企业、合资企业以及外商的用金需求也由人民银行统一配售。由中国人民银行统一配售的金银要专项使用，结余交回，不能转让或移作他用。

对金银经营的统一管理是指从事金银生产、加工、销售的单位需要通过中国人民银行和有关部门的审查批准和许可；金银的经营单位不能擅自改变登记的业务范围。金银质地的纪念币的发行和出口经营由中国人民银行办理，其他单位没有铸造和发行权力。金银制品的出口由中国人民银行负责供应，珠宝商店、委托寄售商店不能收购金银制品。

《条例》还规定，携带金银入境的数量不受限制，但是必须向海关申报登记。携带金银出境，需要提供中国人民银行出具的证明或者原入境时的申报单登记的金银携带数量；将在境内购买的金银饰品带出境要提供国内经营金银制品的单位开具的特种发货票；个人出境允许携带金银饰品 1 市两（31.25 克）。境内的外资企业、中外合资企业，从国外进口黄金作产品原料的数量不限，但出口含金银量较高的产品，要经过中国人民银行核准后放行。

二、《关于规范黄金制品零售市场有关问题的通知》要点解析

2001 年 10 月，中国人民银行、原经贸委、国家税务总局和工商行政管理总局联合下发了《关于规范黄金制品零售市场有关问题的通知》，取消了黄金制品零售业务许可证管理制度，实行核准制。经营黄金制品零售业务的单位经所在地核准行[①]核准，领取《经营黄金制品核准登记证》（以下简称《核准登记证》），从事黄金制品零售业务。

申请经营黄金制品零售业务，应具备下列条件：1. 依据有关法律、行政法规设立的企业法人；2. 具有独立、完整的会计财务核算部门和制度；3. 具有合格的经营管理人员；4. 具有一定的注册资本（金），专营店注册资本金不得少于 100 万元；兼营黄金制品零售业务的大中型综合商场注册资本金不得少于 500 万元；5. 具有固定的营业场所和符合安全条件的库房。专营店营业场所面积不得少于 60 平方米。兼

---

① 核准行指所在地中国人民银行分行、营业管理部、省会（首府）城市中心支行等有权审核黄金零售业务的银行。

营黄金制品零售业务的大中型综合商场营业面积应不低于 3000 平方米，其中经营黄金制品零售业务场所面积不得低于 40 平方米。

申请经营黄金制品零售业务，需要向核准行提交的材料有：1. 经营黄金制品零售业务的申请报告；2. 企业决策层的决议；3. 企业名称预先核准通知书（新设企业提交）或企业营业执照复印件（已设企业提交）；4. 营业用场所所有权或使用权的证明；5. 企业法定代表人或企业负责人身份证明；会计、出纳员资格证明；经营黄金制品业务人员的简历；6. 人民银行认可机构开具的验资证明、银行开户证明；7. 会计核算方法和会计科目设置情况的说明。黄金制品零售连锁店、黄金制品零售企业的分支机构的申请程序同上。

《核准登记证》需要按年度审核换证。工商行政管理机关和税务机关凭当年人民银行颁发的《核准登记证》办理年审和年度认证的有关手续。

在保税区内生产、加工的黄金制品原则上应全部用于出口。特殊情况要由中国人民银行总行批准。

黄金制品零售业务经营单位不能采用承包、租赁、转让、试销、代销、传销等经营方式；对所出售的每件制品，都要开具税务机关统一制定的商业零售发票，并按规定每月向所在地人民银行分支行、税务机关报送《黄金制品购销存月报表》；销售的黄金制品，必须盖有生产企业的戳记代号和含金量标记，并配有标签牌，注明生产厂家、重量及含金量。含金量千分数不小于 999 的称为千足金，应打千足金印记或按实际含量打印记；含金量千分数不小于 990 的称为足金，应打足金印记或按实际含量打印记；含金量百分数小于 99 的称为 K 金，应打 K 金印记或按实际含量打印记（K 金饰品含金量每 K 为 4.15%）。

黄金制品零售企业要从国家批准的定点单位进货。拍卖行拍卖的黄金制品、单位举办的黄金制品展览（展销）会，要经中国人民银行当地分行、营业管理部、省会（首府）城市中心支行或深圳市中心支行核准。举办全国性或国际性黄金展览（展销）会应报中国人民银行总行核准。

三、《中国人民银行法》相关规定

2003 年 12 月 27 日第十届全国人民代表大会常务委员会第六次会议通过了《关于修改〈中华人民共和国中国人民银行法〉的决定》，1995 年《中国人民银行法》根据该决定修正后于 2004 年 2 月 1 日施行。《中国人民银行法》规定了中国人民银行在黄金管理中的地位和作用，以立法形式确立了中国人民银行为黄金市场的监管部门。《中国人民银行法》规定中国人民银行在黄金管理中承担以下职责：

1. 监督管理黄金市场;

2. 持有、管理、经营黄金储备;

3. 对金融机构以及其他单位和个人执行有关黄金管理规定的行为进行检查监督。

第六节　做市商理论概述

一、存货模型

一般认为德姆塞茨（Harold Demsetz）在 1968 年发表的论文《交易成本》正式奠定了做市商的理论基础，是存货模型的主要代表。在这一论文中，他研究了供给方的卖价和需求方的买价之间价差形成的过程，提出了有关买入价与卖出价差额的第一个正式模型。这个模型考虑到了买卖双方的时间跨度、买卖数量和买卖意愿强弱等因素，认为买卖价差实际上是有组织的市场为交易即时性（Immediacy）支付的加成。尽管该模型没有考虑到市场交易机制对买卖价差的影响和信息问题，但是 Demsetz 从交易成本的角度研究市场价差，为存货模型的研究和发展开启了先河。

在存货模型中，所有的交易者都根据自己的最优化条件以及做市商的报价来决定买卖行为，而做市商在避免破产的前提下，以单位时间内预期收益最大化为目标来设定买卖报价。所有的交易者和做市商都不是知情交易者，他们所拥有的信息都是相同的，导致价差的原因是包括存货在内的交易成本。具体而言，作为市场中介的做市商在做市时将会面临大量交易者提交的买入指令和卖出指令。由于这些指令是随机的，在买入指令和卖出指令之间会产生不平衡。为避免破产，做市商必须保持一定的头寸，以平衡这种买入指令和卖出指令之间的不平衡。但是头寸的拥有会给做市商带来一定的存货成本。为弥补这些成本，做市商设定了买卖报价价差。因此，买卖报价价差产生的原因是存在拥有存货而产生的交易成本。

根据 M. O'Hara 的分类，存货模型主要包括三类:

第一类以 M. Garman 为代表，着重分析指令流的性质在交易价格中的作用。Garman（1976）首先考察了市场指令到达情况与做市商定价行为之间的关系，认为每个交易主体均根据自身的最优化选择来决定其指令流，并假设指令流是根据泊松过程（Poisson process）随机产生的，这样就会造成买卖量上的不均衡，为了避免破产，做市商必须设定 p_a 和 p_b，使之同时满足:

$$p_a \gamma a(p_a) > p_b \gamma b(p_b); \gamma b(p_b) > \gamma a(p_a)$$

其中，p_a、p_b分别为卖出报价和买入报价；$\gamma b(p_b)$、$\gamma a(p_a)$分别为卖出概率和买入概率。由此可以看出，做市商一定会设定比较低的买入价格和比较高的卖出价格。他的研究说明，买卖报价价差是由市场上"时间上的微观结构"的内在性质决定的。

第二类以 Ho Stoll（1981）等人为代表，着重分析做市商的决策优化问题，以此来考察交易成本（包括存货成本）对贵金属合约价格行为的影响。由于市场买卖报价是由做市商设定的，我们可以把做市商的买卖报价设定问题看作一个选择最优化定价策略以使效用最大化的过程，因此市场报价是做市商最优化行为的结果。通过分析做市商的预期效用和成本，就可以得出影响其成本的因素，包括做市商的初始财富、存货头寸等，并证明存货水平对做市商定价策略的影响具有普遍性。

第三类以 Cohen、Maier、Schwartz、Whitcomb（1981）为代表，着重分析多名做市商对价格决定的影响。Cohen、Maier、Schwartz、Whitcomb 等学者分析了指令与价差的关系，在价差增大时，交易者愿意提交限价指令，从而增加市场的流动性；相反，在价差变小时，提交限价指令的收益会变小，使交易者更愿意提交市价指令，向市场要求流动性。这样，交易成本和收益的权衡将决定交易者的行为，从而决定市场价差的大小。而 Ho Stoll（1983）则考虑了做市商之间竞争对价格设定的影响，证明了在市场上有超过两名做市商的情况下，价差虽不会由于做市商之间的相互竞争而趋于零，但会变小。

存货模型讨论了做市商定价行为以及价差的特征，它们的共同特点是，交易成本（包括各种存货成本）将决定买卖价差。但是实证检验结果表明，存货模型对做市商价格行为的解释能力是有限的。因此，20世纪七八十年代，做市商理论的发展重点从存货模型转向了信息模型。

二、信息模型

1971年，白芝霍特（Bagehot）发表了一篇经典论文。该论文首次明确提出了信息成本在价差形成中的作用，对市场价格行为的解释由交易成本转到信息成本，做市商市场微观结构的研究重点也从存货模型转到了信息模型。

信息模型的基本特征是用信息不对称所产生的信息成本，而不是交易成本来解释市场价差。在信息模型中，交易者被分为知情交易者和未知情交易者，且作为交易中介的做市商知道知情交易者所掌握的信息比他多，并且这些知情交易者会在价格被低估时买入，在价格被高估时卖出。不仅如此，由于知情交易者具有不交易的选择权，而做市商有义务按其买卖报价进行交易，因此这些知情交易者在与做市商进行交易时总是获利者。为了避免破产，做市商不得不用与未知情交易者交易所获得的盈利来冲销这些损失，而这些盈利的来源就在于做市商设定的买卖报价价差。因此，价差反映了做市商用来自与未知情交易者交易的盈利来冲销来自与知情交易者交易的损失这一事实。

信息模型是从以下几个方面考察做市商行为的：

1. 做市商本身的行为

以贝叶斯学习过程为分析工具，将交易看作传递信息的信号，从交易指令、交易规模和交易时间几个因素考察影响做市商的定价策略，证明交易时间影响价格，交易间隔影响价差大小，指令规模比较大的指令往往以比较差的价格成交。其研究以 Glostern、Milgrom、Easley 和 O. Hara 等人为代表。

2. 知情交易者交易策略对做市商设定价格的影响

以 Grossmann、Stiglitz、Kyle、O. Hara 等人为代表，这些模型以理性预期为研究工具，假设知情交易者拥有私人信息，未知情交易者也知道知情交易者拥有私人信息这一事实，两者事先提交指令，做市商则根据交易者提交的指令设定唯一的市场出清价格，该价格可设定为关于资产价值的条件期望值。这些模型的一个重要结论是：如果做市商定价和交易者交易策略均为线性函数的话，市场存在唯一的均衡。

3. 未知情交易者行为对做市商定价的影响

知情交易者的模型中，未知情交易者被假设为随机提交交易指令，其交易指令的数量服从正态分布，交易数量是外生于交易模型的。事实上，未知情交易者虽然不知道关于资产真实价值的信号，但他们能从公开的市场信息中得到某些信息并以此制定其最优交易策略，以减少进行交易时发生的损失。Admati 和 Pfleiderer 研究了在做市商线性定价规则下，两种交易者的行为对市场出清价格的影响。

信息模型的长处在于，它可以考察市场动态问题，即考察市场价格的调整过程。此外，信息模型还能对知情交易者和未知情交易者的交易策略做出解释。对此，Stoll（1995）评价说，做市行为的存货模型是 20 世纪六七十年代资产组合理论和资本资产定价理论的扩展，其前提假设是交易者都是风险厌恶的并且有相同的预期。但是，事实上，交易者在信息方面是不对称的。从 20 世纪 80 年代开始，非对称信息模型和信号模型成为公司金融的新范式，相似地，它们也为研究市场微观结构问题提供了新的工具。因此，信息模型成为解释买卖报价价差等做市行为的主要模型。

三、做市商的运行机理及成本利润分析

1. 做市商的运行机理

做市商的做市行为并非完全取决于自身的利益意愿，更不是无限制的非理性，而是来自做市商和公众投资者的相互约束，所有市场参与者也正是在这种相互制约中最大限度地降低成本、获取最大利润而不断进行各种权衡，实现各自利益，市场也因此在理性的轨道上运转。

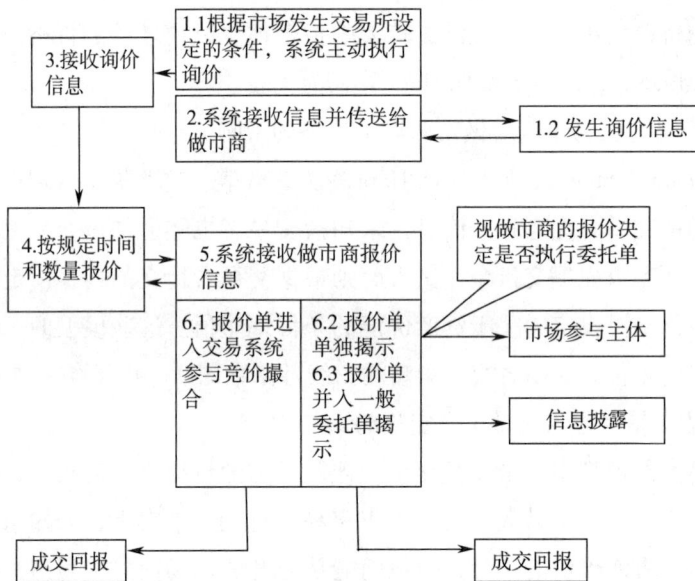

图4-1 做市商的运行机理

2. 做市商服务的需求和供给分析

在以做市商为中心的交易制度中，做市商提供的做市行为其实是一种交易服务，而这种服务的价格是由贵金属合约买卖价差（spread）来测量的。做市商的服务价格与贵金属合约价格是两件事，做市商坚持在任何时候以买进报价买进贵金属合约，以卖出报价卖出贵金属合约，即做市商在市场上提供的是即时服务。做市商做市的经济意义就体现在这种做市商服务的需求和供给上。

市场上之所以会产生对做市商服务的需求，主要是因为在市场运行过程中某些贵金属合约的买卖不均衡，因而需要一个中介机构出面通过自己的中介性买卖平抑这种失衡，所以可以说，做市商制度是相对于完全竞争状态市场而言的一种认为加速市场均衡的制度。

当然，在任何市场上（包括没有做市商的指令驱动市场上），总会存在某种机制对市场失衡做出反应。但没有做市商的市场缺陷是投资者不能在任何时候都可以进行交易，市场本身不提供即时的直接服务，这种失衡的平抑是零星的和滞后的，失衡的恢复是高成本的。而在有做市商长期连续性做市的贵金属市场上，在非均衡出现之前，做市商通过其做市活动可以减少失衡出现的概率，也就是说这种平抑是事前的、高效率的。

3. 做市商报价差额的分析

对做市商来说，其主要收入来源就是做市中的买卖价差。做市商在贵金属市场的双向报价中，买入价和卖出价之间存在价差。这种价差的存在是合理的，它基本上由两部分组成。一是做市商在向公众投资者提供双向报价过程中的成本，包括直接成本和间接成本。直接成本是指购买计算机等设备和建立有关网络的费用支出、做市人员与决策人员的薪金，以及传递交易单据过程的费用等；间接成本是指收集、整理、分析市场信息，对市场未来走势做出预测的研究开发费用等。二是做市商提供报价服务所取得的利润。做市商实行双向报价的过程中，在双向以相同数量成交的理想状态下，做市商肯定是有价差收益的，在向公众提供服务的同时，也为自己赚取利润，正是这种对市场和做市商本身都互为有利的交易组织机制，确保了市场的平衡和流动性。

影响做市商买卖报价差额的决定性因素包括：（1）做市贵金属合约品种的交易量。交易量越大，差额趋向于越小。从某种程度上讲，交易量大的贵金属合约品种的流动性也大，可以缩短做市商持有合约的时间，从而可以减小其库存风险。并且在交易时容易产生的规模经济，也会由此降低成本，差额也就没有必要那么大了。（2）贵金属合约价格的波动性。波动性越大，其差额也会越大。因为在给定的持有期间内，波动率变动越大的贵金属合约对做市商所产生的风险就越大，作为这种风险的补偿，其报价差额自然就越大。（3）市场竞争压力。做市商的数量越多，竞争性越强，各种约束力量就越有能力限制单个做市商报价差额的偏离程度，因而差额越小。做市商为了获得更多的做市价差收入，相互之间进行竞争。竞争促使做市商降低成本，并逐渐缩小报价价差，而且拥有做市商数量越多的品种交易越活跃，流动性越大，其中做市商的风险也就越小，作为风险补偿的差额也就越小。

四、做市商制度和 OTC 市场

OTC（Over the Counter）交易市场是柜台交易市场或店头交易市场的简称。如果说集市是拍卖市场的鼻祖的话，那么杂货店就是 OTC 市场的原型。实际上，在现代社会，几乎所有的商品市场都是 OTC 市场。商品经销商（包括批发商、商贩、商场和超市）购入商品，通过渠道将其销售给最终用户。那么对经销商而言，其关心的并不是商品本身，而是商品买卖的价差。这种借助经销商的媒介作用来实现商品流通的交易制度实际上就是前文所说的做市商制度。

由此可见，做市商制度和 OTC 市场有着某种天然的联系——做市商制度是 OTC 市场所特有的一种交易制度，其中经销商（或者说做市商）的媒介作用是 OTC 市场上的交易得以实现的关键。从这个意义上说，做市商制度和 OTC 市场是两个对等的概念。

对贵金属市场而言，最普遍的依然是 OTC 市场。因此，在现代市场经济社会，目前世界上所实行的交易模式中，做市商制度在各个领域都占据着主导优势。

第七节　贵金属 ETF

贵金属 ETF 基金（Exchange Traded Fund）是一种以贵金属为基础资产，追踪现货贵金属价格波动的金融衍生产品，可以在证券市场交易。下文将以黄金 ETF 为例，介绍贵金属 ETF 基金的组建及运行原理。

因黄金价格较高，黄金 ETF 通常以 1/10 盎司为一份基金单位，每份基金单位的净资产价格就是 1/10 盎司现货黄金价格减去应计的管理费用。其在证券市场的交易价格或二级市场价格以每股净资产价格为基准。

一、黄金 ETF 的组建

由于贵金属交易和保存保管的特性，目前主流的黄金 ETF 都采用信托的模式组建，基金的组织结构包括三方：发起人、托管人和保管人，三方的责权遵照基金契约执行。

黄金 ETF 基金的发起人通常有两类：一是专门为发行基金而成立的公司，该类公司多选择在世界著名的公司注册地设立，以享受较为优厚的税收待遇并规避较为严格的法律限制。以 GLD 为例，其发起人是世界黄金信托服务机构，该机构由世界黄金协会全资拥有，注册于美国特拉华州。二是大型知名投资机构，如发行 iShares COMEX Gold Trust（IAU）和 iShares COMEX Silver Trust 的巴克莱资本国际等。

黄金 ETF 的托管人的权限有出售基金持有的黄金资产以偿付基金管理费用、计算基金净资产价值和每基金份额净资产价值等。黄金 ETF 的托管人都由国际知名银行担当。如 GLD 和 IAU 就由纽约银行担任托管人。

基金保管人（Custodian）负责保管授权投资人在申购一揽子基金份额时存入的黄金。各黄金 ETF 都选择伦敦当地银行为保管人。如 GLD 的保管人为汇丰银行伦敦金库，SLV 的保管人为 JP 摩根伦敦分行等。

为方便基金运作，黄金 ETF 通常会指定市场代理商（Marketing Agent）为其服务。其主要职责包括为基金持续出具市场开发计划、进行基金战略研究等。例如，GLD 基金的市场代理由美国道富环球市场公司担任。

1. 基金份额的申购与赎回

基金份额的申购与赎回只能在一级市场上通过授权投资人以一揽子数量进行。为达成交易，授权投资人必须达到一定条件。以 GLD 为例，授权投资人必须是注册经纪交易商或是不需要注册成经纪交易商的证券市场参与者，如银行或其他金融机构。同时，还必须是美国存款信托公司的会员。申购和赎回之前，授权投资人还要在基金保管人处设立授权投资人非保留账户（APUA）或会员非保留金条账户（PU-BA）。AUPA 账户只能用来与基金进行交易。

2. 黄金交割标准

黄金 ETF 申购和赎回的黄金一般都要求满足一定的标准，否则托管人会因黄金成色差异错误地计算基金净资产值，从而造成风险。主要的黄金 ETF 都以伦敦金银市场协会认可的可交割金条（London Good Delivery Bar）作为交割标准，基金的申购和赎回以符合该标准的金条为载体，基金和会员可以放心和便利地存入并赎回使用黄金资产。这一交易形式极大地促进了黄金 ETF 的发展。

3. 净资产值 NAV 的计算

净资产值 NAV（Net Assets Value）的计算是黄金 ETF 在一级市场申购赎回和二级市场交易记价的基准。具体来说，NAV 等于基金总资产值减去负债。主要的黄金 ETF 的托管人在计算 NAV 时以伦敦黄金市场下午交易时段价格或伦敦黄金定盘价为基准，如 GLD。由于 GLD 在纽约交易所交易，如果当天没有伦敦定盘价或者在纽约时间中午 12 点以前伦敦定盘价还没有敲定，则最近的伦敦定盘价可用于确定 NAV，除非托管人和发起人都认为该价格不合适。

4. 基金费用

黄金 ETF 的交易费用十分便宜，通常为 0.3% ~ 0.4%，相较其他黄金投资渠道平均 2% ~ 3% 的费用，优势十分突出。黄金 ETF 的基金费用主要分为基金日常运营开支和基金管理费。以 GLD 为例，基金契约规定，支付给发起人的费用用以补偿其维护基金网站以及市场营销开支。发起人的费用以调整后净资产值为基础，以年化 0.15% 为计费费率，每日计算每月累计并延后一个月支付。托管人的费用以调整后净资产值为基础，以年化 0.02% 为费率，每日计算每月累计并延后一个月支付。同时，每年最少收取费用 50 万美元，最多则不能超过 200 万美元。支付给基金保管人的费用通过保留金条账户协议进行。根据该协议，保管人费用以存放在 TAA 和 TAU 账户中的黄金日均余额为基础，以年化 0.10% 为费率每日计算每季累计并延后支付。

二、黄金 ETF 的运行原理

黄金 ETF 的运行原理为：由大型黄金生产商向基金公司寄售实物黄金，随后由基金公司以此实物黄金为依托，在交易所内公开发行基金份额，销售给各类投资者，商业银行分别担任基金托管行和实物保管行，投资者在基金存续期间内可以自由赎回。

黄金 ETF 在证券交易所上市，投资者可像买卖股票一样方便地交易黄金 ETF。交易费用低廉是黄金 ETF 的一大优势。投资者购买黄金 ETF 可免去黄金的保管费、储藏费和保险费等费用，只需交纳通常为 0.3% ~ 0.4% 的管理费用，相较其他黄金投资渠道平均 2% ~ 3% 的费用，优势十分突出。此外，黄金 ETF 还具备保管安全、流动性强等优点。

1. 黄金 ETF 历史

2003 年，世界上第一只黄金 ETF 在悉尼上市。2004 年是黄金 ETF 大发展的一年。3 只黄金 ETF 相继设立，并成就了目前黄金 ETF 市场的巨无霸——StreetTracks Gold Trust 基金（纽交所代码 GLD）。该基金由世界黄金信托服务机构（World Gold Trust Services，LLC）发起，于 2004 年 11 月 18 日开始在纽约证券交易所（NYSE）交易，高峰时期持有黄金超过 400 吨。此后黄金 ETF 产品在全球引发了认购热潮，并一度被华尔街的分析师认为直接促进了 2004 年后期黄金价格的走牛。

2. 黄金 ETF 的投资优势

（1）交易便捷

黄金 ETF 都在证券交易所上市，例如，StreetTracks Gold Trust（GLD）在纽约证交所上市，Gold Bullion Securities（GBS）在伦敦证交所和泛欧交易所上市，Gold Bullion Securities（GOLD）在澳大利亚证交所上市等，投资者可像买卖股票一样方便地交易黄金 ETF。

（2）保管安全

投资者购买了基金份额就等于持有了黄金现货。这些黄金通常以伦敦金银协会可交割金条为标准交割物储存在基金保管人的金库中，安全性极高。

（3）交易成本低

投资者购买黄金 ETF 可免去黄金的保管费、储藏费和保险费等费用，只需交纳约 0.40% 管理费用，相较其他投资方式平均 2%~3% 的费率，具有明显优势。

（4）流动性强

黄金 ETF 存在一级市场和二级市场，同时有市场代理或做市商活跃市场交易，加之黄金 ETF 市场存量巨大，交易的流动性得到了极大保障。

（5）交易透明

全球黄金 ETF 交易是 24 小时连续交易的，价格非常透明。

（6）交易弹性大

在主要黄金 ETF 交易中可依需要设置市价单、限价单和止损单。此外，如 GLD 等基金还可以卖空并提供保证金交易选择，交易手段十分灵活。

第五章　贵金属投资的商业计划书

贵金属投资是资金密集型行业。企业作为投资主体，其发展是一个长期和多阶段的过程，在这个过程中，每个阶段都需要资金的支持，资金的需求量还会不断增加。因此，贵金属投资企业为保持健康、持续的发展，具备良好的融资能力十分重要。

商业计划书（Business Plan）是一份全方位描述企业发展的文件。它从企业内部的人员、制度、管理，以及企业外部的产品、营销、市场等各个方面进行可行性分析，帮助创业者厘清思路，认识自身具有的优势和面临的困难，确定发展模式。因此，一份考虑详尽的商业计划书是创业者素质的体现，是企业拥有良好融资能力的重要条件之一。

商业计划书还将有助于国内企业发展模式与国际接轨。特别是在加入 WTO 的形势下，一方面处于成长期的投资型中小企业将面临更为激烈的竞争局面，另一方面面对国际资本的涌入，企业还要考虑如何利用其实现跨越式发展。商业计划书是国际通行的融资文件，理解商业计划书的内涵将使黄金投资中的融资者在融资操作方法上适应国际惯例，掌握国际资本市场的内在规律，合理设计自身的发展战略，甚至融入国际资本市场。一份好的商业计划书可以帮助投资者发现具有投资价值和发展潜力的项目和企业，可以在投资者和创业者之间搭建起实现理想的桥梁。

第一节　贵金属投资企业背景说明

这部分内容是为了让风险投资者对企业有一个初步的了解。应该努力地向风险投资者尽可能简明扼要而又全面地介绍企业的情况，给风险投资者尽可能多的关于企业及企业所在行业的信息。

一、企业的基本情况

风险投资者不会投资一个自己不了解的企业，所以商业计划书中必须介绍企业的基本情况。应该主要介绍以下内容：企业的名称、业务性质、注册场所、经营地点、公司的法律形式等。

二、企业的宗旨和目标

企业宗旨以最精练、明晰的语言来表述企业的使命与指导方针，即经营理念。它是一条纽带，将企业的信念与最高追求连在一起，用以激励员工、指明方向、同心协力地争取经营成功。企业宗旨的内容大致包括下述几个方面：获利能力（说明获利程度及其贡献）、外部追求（说明对公众注意事项的关心以及对股东、员工、供应商及社区所注意事项的关心）、质量、效率、企业氛围、行为规范（说明企业内部应当遵守的行为规则）。

在商业计划书中可以把企业的宗旨和目标放在一起来写。例如，可以这样写：我们的公司是一个销售黄金和提供黄金服务的公司，向社会提供高纯度金条。我们的宗旨是在公司盈利的同时，与顾客、雇员、社区以及我们的环境保持良好的伙伴关系。我们的目标是保持中等程度的发展速度和盈利水平。在第三年之前，销售额达到××万元以上。总毛利率达到 25% 以上，并保持该水平。在×年之前，从服务、支持和培训等获得××万元的销售收入。

三、企业的发展历史与现状

介绍企业成立于何时，第一次生产产品或提供服务是在什么时候，企业发展经历了哪几个重要阶段等。这部分的介绍必须简短切题，尽量不要超过一页。

介绍发展阶段时，要指出所处的融资阶段。企业是处于创立期还是成长期，或是准备公开上市，寻找战略合作伙伴，还是准备近期并购或出售。

四、企业展望

可以按时间顺序描述企业未来业务发展计划，并指出关键的发展阶段。阅读本部分时，风险投资者一般需要了解创业企业未来五年的业务发展方向及其变动理由。如果企业预计未来业务发展需要经受许多变动因素的考验，通常应该在这里讲清楚，因为风险投资者需要搞清楚企业要发展成功就必须做哪些事情。

五、企业内利益冲突

无论企业中存在什么样潜在的利益冲突，都要在本部分加以说明。例如，本企业董事长也是本企业某个供应商的所有人或董事长，或者是本企业有相似业务的某个公司的所有者。此外，还应说明由管理层决定的交易中哪些是以不合理的价格进行采购的。如果在商业计划书中没有揭示这些利益冲突，一旦风险投资者发觉了，就会失去他们的信任。最好的办法是企业自身从一开始就解决这个问题并告知风险投资者或者向他们说明在这种利益冲突的情况下，会比没有这种情况做得更好。

六、诉讼

这里要说明与企业相关的任何诉讼事件，包括外企业对本企业的诉讼，也包括本企业对外企业的诉讼。要知道，所提及的每一诉讼都可能引起风险投资者认真思考，风险投资者对于诉讼事件是十分敏感的。因此，如果一个企业有诉讼历史，则应对风险投资者做出完美的解释，尽可能消除风险投资者关于企业的不良印象，克服天然的抵触情绪。

七、专利与商标

本部分必须详细描述企业现有和待申请的各种专利和商标，也可以说明专利获准的原因，目的是说明产品的技术壁垒，强调企业产品的独特性和唯一性。在某些情况下，为便于风险投资者了解企业唯一的专利和商标，甚至可将有关专利和特许权的副本交给风险投资者。但是除非说明唯一性的特定需要，否则，不能公开企业计划商标的副本。

八、企业与公众关系

企业必须参加保险，并同时把企业已经投保的项目，包括火灾保险、意外险、物产险、水灾保险，以及核心人物的寿险等列出。

风险投资者可能会对创业企业涉足的行业与创业协会感兴趣，所以，在商业计划书中应该对相关的媒体和协会做一一介绍。

另外，要对与企业有关的税种稍加说明，如果企业已开始营业，要说明全部应纳税种，包括薪金税（个人收入调节税）和所得税等。

本部分主要描述本企业的管辖部门及该部门与本企业的关系。在描述中，企业需要重点指出本企业如何遵守有关部门关于职业安全以及环保等方面的规章制度。如果本企业的管辖部门过多，企业就应该在本部分做出追加描述，以便风险投资者确信本企业能够在这种环境下生存发展。

九、主要合作伙伴

本部分主要介绍本企业生产所需原材料及必要零部件供应商。一般可以用表格形式列出 3~4 家（以后可能需要列出全部供应商）最大的供应商及其供应的材料或零部件名称。

如果在企业产品从生产到销售的过程中，还有其他协作者或分包人参与其中，通常也需要予以说明。说明的内容包括协作人名单、协作金额等，一般还需协作单位名称、地址及联系电话。

十、管理团队主要成员展示

在这部分，主要介绍创业企业的领导者以及其他对公司业务有关键性影响的人。通常，小公司不超过三个关键人物，大公司也不宜超过六个关键人物。需注意，风险投资者对关键人物十分关心，应该从最高者起，依次介绍。一般需要介绍的管理人员有：

总裁

常务副总裁

人事部总监

营销副总裁

财务副总裁

生产部总监（非生产企业可以介绍其他关键管理人员）

注意：对于采用事业部制组织形式的企业，应介绍主要事业部的总裁；对于科技型企业，应介绍科技方面的骨干成员。

对于上述高级管理人员，主要从以下几个方面介绍：教育背景、工作背景和业绩、领导能力、个人品质、弱点、整体特点等。

十一、组织结构

企业组织结构是组织机构的横向分工关系及纵向隶属关系的总称。企业的组织结构有不同的形式，大致有如下几种：直线制、职能制、矩阵制、事业部制。

不同的组织形式有不同的优缺点，适应于不同的企业类型。风险投资者会针对企业的特点考察企业的组织结构是否合理。

某公司的组织结构如图 5-1 所示。

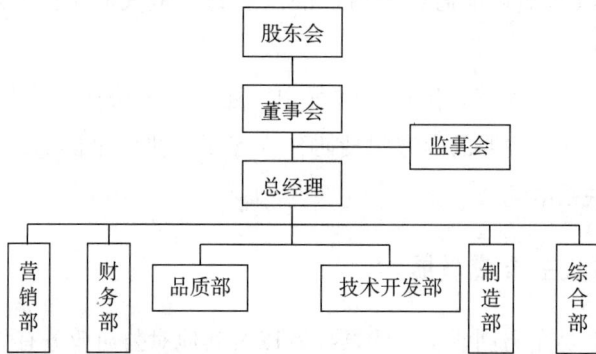

图 5-1　某公司组织结构图

第二节　贵金属投资的可行性分析

一、产品（服务）介绍

（一）产品或服务描述

风险投资者最关心的问题之一就是创业企业的产品、技术或服务能否以及在多大程度上解决现实生活中的问题，或者创业企业的产品（服务）能否帮助顾客节约开支、增加收入。因为这两项如果满足，就意味着产品或者服务有巨大的市场，风险投资能最快、最大倍数地收回。

1. 描述的内容

通常，产品介绍应包括以下内容：

（1）产品的名称；

（2）性能及特征；

（3）产品所处的生命周期；

（4）产品的市场竞争力；

（5）产品的研究和开发过程；

（6）发展新产品的计划和成本分析；

（7）产品的市场前景预测；

（8）产品的品牌和专利。

介绍产品时，还要从顾客和风险投资商的角度回答以下问题：

（1）顾客希望企业的产品能解决什么问题，顾客能从企业的产品中获得什么好处？

（2）企业的产品与竞争对手的产品相比有哪些优缺点，顾客为什么会选择本企业的产品？

（3）为什么用户会大批量地购买企业的产品？

（4）本公司能提供哪些购买便利？

（5）企业采用何种方式去改进产品的质量、性能，企业对发展新产品有哪些计划等。

（6）企业为自己的产品采取了何种保护措施，企业拥有哪些专利、许可证，或与已申请专利的厂家达成了哪些协议？

（7）为什么企业的产品定价可以使企业产生足够的利润？

2. 需要突出的地方：创新性、独特性、价格优势和市场导向性

（1）创新性

只有当一个新的产品（服务）优于市场上已有的产品（服务）时，它才可能受到顾客的青睐。只有清楚地解释企业的产品（服务）能完成的功能，顾客才能认清它具有哪些价值。

如果市场上存在替代性产品（服务），就应该解释企业提供了哪些额外的价值，把自己摆在顾客的位置去评价产品（服务）存在的优点和缺陷，对竞争者的产品（服务）也做出同样的分析。

（2）产品或者服务的价格

如果企业有好几种产品或服务，那么最好分成几个独立的小段进行描述。内容包括每一个产品的价格、价格形成基础、毛利及利润总额等。

产品定价必须充分考虑所有影响因素，以使最终形成价格在逻辑上是合理的，并且是市场可能接受的。

（3）产品或服务的独特性方面

企业的独特性可以表现在管理队伍上，也可以表现在产品或服务上，还可以体现在融资上。总之，正是因为独特性的存在才使风险投资者放弃其他投资机会转而投资本企业。因此，应从不同角度阐述企业的独特性。

（4）产品市场导向性

中国每年的技术专利申报有 7 万多项，其中省部级以上的科研成果就有 3 万多项，但转化率仅有 10%~15%。为什么？因为绝大多数发明和技术都与市场不搭界，看不出市场前景和潜力，自然引不起投资兴趣，转化不成生产力和利润。所以，

创业者必须从一开始就研究、分析市场，从市场需求出发进行创意。这就是市场导向性的原则。

（二）描述产品或服务时应注意的事项

1. 将自己置身于客户的位置；

2. 集中最重要的产品；

3. 避免过多的技术细节；

4. 引用已经试点成功的例子。

（三）产品研究与开发

主要介绍投入研究开发的资金，包括过去已经投入的和未来打算投入的资金，必须指出所有这些研究开发投入所要实现的目标。

阐述的重点内容包括：

1. 企业的技术研发力量和未来的技术发展趋势；

2. 企业研究开发新产品的成本预算及时间进度如何；

风险投资者在这里主要关心企业的技术研发队伍是否具有足够的实力把握市场上产品技术发展的脉搏，是否能够迎合顾客的需要开发新产品、开拓新市场，是否能够保证公司未来竞争发展对技术研发的需要。

二、SWOT 分析

（一）SWOT 分析

SWOT 分析最早由美国旧金山大学韦里克教授于 20 世纪 80 年代初提出，随着国际上企业竞争战略理论的发展而逐渐发展和完善。所谓 SWOT 是英文 S – Strength（优势）、W – Weakness（劣势）、O – Opportunity（机会）、T – Threat（威胁）的简写，它通过具体的情景分析，将与研究项目密切关联的各种主要的内部优势因素、劣势因素和外部机会因素、威胁因素分别识别和评估出来，依据矩阵的形态进行科学的排列组合，然后运用系统分析的研究方法将各种主要因素相互匹配进行分析，最后提出相应对策的方法。

表 5 – 1 是一个典型的 SWOT 分析表。

表 5 –1 　　　　　　　　　　　　　SWOT 分析表

优势	弱点
企业专家所拥有的专业市场知识	缺乏市场知识与经验
对自然资源的独有进入性	无差别的产品和服务
专利权	企业地理位置
新颖的、创新的产品或服务	竞争对手进入分销渠道的优先地位
企业地理位置	产品或服务质量低下
由自主知识产权所获得的成本优势	声誉败坏
质量流程与控制优势	
品牌和声誉优势	
机会	威胁
发展中的新兴市场	自己的市场上出现的新竞争对手
并购、合资或战略联盟	价格战竞争对手发明新颖的、创新性的替代产品或者
进入具吸引力的新的细分市场	服务
新的国际市场	政府颁布新的规则
政府规则放宽	出现新的贸易壁垒
国际贸易壁垒撤除	针对自己产品或服务的潜在税务负担
某一市场的领导者力量薄弱	

（二）SWOT 模型的道斯矩阵及其分析步骤

当企业或个人在进行黄金投资时，应把外界的条件和约束同组织自身的优缺点结合起来，随环境变化作动态的系统分析，识别投资计划或风险投资者所处的位置及存在的风险，并把分析的结果填入道斯矩阵，见表 5 –2。

表 5 –2 　　　　　　　　　　　　　道斯矩阵

		内部因素	
		Ⅲ优势	Ⅳ劣势
外部因素	Ⅰ机会	Ⅴ优势与机会相匹配 SO	Ⅵ劣势与机会相匹配 WO
	Ⅱ威胁	Ⅶ优势与威胁相匹配 ST	Ⅷ劣势与威胁相匹配 WT

根据表 5 –2 我们可进行如下分析：

1. Ⅰ、Ⅱ、Ⅲ、Ⅳ区：分析黄金投资规划的优势和劣势、可能的机会与威胁，填入相应的道斯矩阵区域内。

2. Ⅴ区：内部优势与外部机会相匹配，是最理想的匹配，存在的投资风险较小，此时可通过两种方式强化风险投资者内部的优势：一是通过找出最佳的投资组合来获得竞争优势；二是通过提供投资资金来强化、扩展已有的投资优势。

3. Ⅵ区：这是与外部机会相关的内部劣势，此时可通过两种方式来权衡对机会的取舍：一是加强投资，将劣势转化为优势开拓机会；二是放弃投资计划。

4. Ⅶ区：内部优势与外部威胁相匹配，此时有两种选择：一是通过重新构建投资组合或重新规划投资来获得优势，将威胁转换为机会；二是采取防守战略，抓住其他象限中有投资收益的机会。

5. Ⅷ区：这是与外部威胁相关的内部劣势，是最不利于投资者的匹配，存在的投资风险最大，此时也存在两种选择：一是主动进取；二是主动放弃。

（三）SWOT 分析法的局限性

SWOT 分析对投资风险决策相关的信息进行了两个区分：一是内外区分，即关于投资计划本身的信息以及其所处的外部环境的信息；二是利害区分，即对投资规划有利的内部优势外部机会和对其有害的内部劣势、外部威胁。毫无疑问，这种分类大大明晰和简化了识别风险及制定投资战略时需要掌握的信息，然而这也导致了SWOT 分析局限的三种隐含的假定。

1. 在 SWOT 分析中通常认为，机会和威胁只存在于外部环境中，优势和劣势只存在于内部环境中，然而事实上，优势和劣势可能出现在投资计划外部，机会和威胁也可能出现在投资计划内部。如果在 SWOT 分析中泛泛和割裂地列举项目的内部优势和劣势以及外部环境的机会和威胁，继而建立某种内外关联，并借此形成对投资计划风险识别的需求信息，显然是危险的。也就是说，内外环境的分割只是为了分析的便利，而不是对投资计划风险识别的实际。

2. 对优势和劣势的判断其实是一个复杂的测量问题。从测量的角度看，对投资计划风险内外条件的测量往往会表现为一个连续体，优势和劣势的相对性和程度性要求使用 SWOT 分析采用合适的测量标准。威胁和机会可以针对同一事件，因为投资风险识别人员如果把握或处理得好，就有机会独占鳌头，反之则有可能一蹶不振。因此，SWOT 分析的优势与劣势区分割裂了投资计划内部情况的连续统一，机会与威胁的区分也不能反映同一时间的利害两面性。

3. SWOT 分析通常是在某个时间点对投资计划存在的风险内外进行扫描，然后进行优势、劣势、威胁和机会的分析，从而形成四种内外匹配。目前对优势、劣势、机会和威胁的静态分析，很难确保还没有实际发生的内外匹配一定会实现，例如，某投资计划的优势是否强到足以把握机会、对抗威胁，某投资计划的劣势是否弱到错失良机、不堪威胁。

三、贵金属市场营销策略

（一）产品定位策略

1. 确立产品的整体概念

广义的产品是指向市场提供的、能满足人们某种需要和利益的物质产品和非物质形态的服务。物质产品包括产品的实体及其品种、特色、式样、品牌和包装等，能满足顾客对使用价值的需要。非物质形态的服务包括售后服务和保证、销售声誉、产品形象等，能满足顾客心理上的需要，给顾客带来利益和心理上的满足和信任感。

2. 产品的品牌策略和包装策略

（1）品牌策略

品牌是一个名称、术语、符号、标记，或是这些因素的组合，用以识别一个企业的产品或服务，并区别于其他竞争者。商标则是品牌或品牌的一部分，向工商行政管理部门注册，并受法律保护。商标拥有者具有专有权，可以有偿转让。

品牌策略是产品决策的组成部分，是指企业依据产品状况和市场情况，最合理、有效地运用品牌商标的策略。

A. 能显示有关产品的优点，包括用途、特性与品质。

B. 力求文字简明，易于拼读、发音、辨认与记忆，这样可以借助广告宣传，使品牌在短时间内为广大消费者认可、接受和牢记。

C. 产品的品牌有特色，与同类产品其他品牌有显著差异。

D. 品牌设计要适合消费者的心理要求，适应消费者对该产品的喜爱和偏好，避免在心理上的反感和其他错觉。在设计产品的品牌时，应符合各国的规定和风俗习惯的要求，注意国际贸易的习惯。

E. 要遵守国家的商标法，易于申请注册登记，以便得到法律保障。

（2）包装策略

包装是整体产品中形式产品的组成部分，是产品质量的重要组成；包装策略是指对产品包装的形式、结构、方法、使用材料等所采取的各种对策。常用的包装策略有：

A. 类似包装策略。也称统一包装策略或产品线包装策略。企业将所经营的各种产品，在包装上采用相同的图案、色彩或其他共同特征。

B. 综合包装策略。也称配套包装。企业把各种相关联的产品放在同一包装物中，如化妆盒、针线包、医药包。

C. 再使用包装策略。也称多用途包装。这是指消费者在用完产品以后，原包装物可作其他用途。

D. 等级包装策略。即等级不同的产品实行不同的包装。

E. 附赠品包装策略。这是指在产品包装内附赠物品以诱发消费者购买。

F. 创新包装策略。随着产品的更新和市场的变化，企业相应改变包装设计。在消费者眼中，不同的包装意味着不同的产品。

（二）价格定位策略

产品价格构成是指产品价格的各个要素在价格中的相互关系。从经济学的观点来看，商品的价值货币形成表现为生产成本、流通费用、税金、利润四个要素的综合构成。具体而言，价格与需求、供给、成本、竞争状态有着密切的关系。

1. 定价目标

价格形成要坚持动态的应变观点。在价格形成中，最关键的依据是市场，最基本的目标是企业的收益和发展。实践中，这些多重目标反映在：

（1）满意的投资报酬率目标。

（2）快速回收目标。

（3）市场渗透目标。

（4）以应付竞争为目标。

2. 定价步骤和策略

创业企业在制定市场营销的价格时，一般有以下步骤：选择定价目标；估算该商品的市场需求量（也可以考虑此点）；测算该产品的需求价格弹性；竞争对手的反应分析；选择与上述诸项分析内容很适应的价格策略；制定具体的价格；考虑与企业其他营销策略的配合等。

对于不同的企业、不同产品及产品所处的不同生命周期，特别是高技术产品按其技术含量不同，应采取与之相适应的定价策略和方法。可供选择的策略和方法很多，可归纳为按需求导向、按技术导向、按成本导向和按竞争导向四大类型。按需求导向的主要方法有：区分需求弹性定价、市场价格倒推定价、撇脂定价、渗透定价、心理因素定价、生命周期定价等。

（三）分销渠道策略

1. 影响分销渠道的因素

（1）产品特点。应按其特点采用相应的直接销售或经过中间商销售的渠道。

（2）市场因素。一般地，用与竞争者相同的销售渠道比较易于占领市场。除非确有必要改变和把握较大，才另选渠道。

（3）企业本身条件。如生产企业的声誉高、资金雄厚、销售力量强、销售管理的经验多，用短渠道策略。

2. 分销的基本策略

（1）广泛分销策略。通常用于日用消费品和工业品中标准化、通用化程度较高的供应品的分销。这种策略的特点是，用间接销售方式，选择较多的批发商和零售商来推销商品。

（2）有选择的分销策略。这种策略适用于销售消费品的选购品、特殊品和工业品中的零件，因为这些商品的消费者和使用者往往注重产品的牌子。

（3）独家专营的分销策略。生产者在一定时期内，在一定地区只选择一家批发商或零售商来推销本企业的产品，中间商不得再代销其他产品。

（4）直接销售策略与间接销售策略。

（5）长渠道或短渠道策略。分销策略的制定，不仅要在直接销售和间接销售两种基本途径中进行选择，还要在间接销售的多种途径中做出抉择。一般来说，在销量一定时，每个中间商的销量能力越强，中间商配置层次就越少。

（四）促销组合策略

1. 促销的基本理论

促销的全称为销售促进，也称营业推广或销售推广，销售促进是刺激消费者或中间商迅速或大量购买某一特定产品的促销手段，包含了各种短期的促销工具。

2. 选择促销工具

所谓选择促销工具，就是指企业为了达到销售促进目标而选择最适当的促销方式。选择促销工具时应注意三种因素，即销售促进目标因素、产品因素和企业自身因素。

通常的促销工具大致分为对消费者、对中间商和对企业内部三大类。对消费者的有：消费者教育、消费者组织化、发布会展示会、样品赠送、邮寄广告、宣传册、赠品广告、奖品奖金；对中间商的有：折扣政策、销售竞赛、公司内部刊物、从业员工教育、广告技术合作、派遣店员、POP广告等；对企业内部的有：公司内部公共关系、营销人员销售竞赛、营销业务员教育培训、销售用具制作、促销手册等。

3. 如何促销组合

组合促销是指企业为达到特定目的而弹性运用若干促销工具、促销方法，它包括人员推销、商业广告、公关宣传和适时促销等。组合促销的目的在于将企业的产品或服务告知客户、说服客户并催促消费者购买。促销组合内的各个工具分别有着不同的影响力，例如，"公关宣传"在消费者认知和兴趣段里有着强烈的影响力，可形成客户对企业或产品的好感，但对产品的立即"采用"影响力较弱。而人员推销由于面对面的口头祈求，在评价、试用、催促、采用阶段都有重大影响力。

四、贵金属生产与经营方案

生产性企业和服务性企业的计划书这部分内容是不一样的。如果是生产性企业，必须向风险投资者介绍企业周围的基础设施，已经拥有和将要购置的生产设施和设备，并列出切实可行的生产计划和生产过程管理办法。如果是服务性企业，如零售商，则必须在这一部分描述自己的雇员、位置优势和信息优势等。

（一）生产性企业

拟定生产经营部分的基本原则是，只谈论原材料、劳动力、设备和生产过程（提供主要细节）、生产经营的关键和能带来竞争优势的部分。

1. 生产设施介绍

（1）基础设施。主要对水、电、通信、道路等配套设施的情况作概略介绍。

（2）厂房和生产设施。主要描述企业所拥有的房地产或租用的办公室和工厂。

（3）设备。主要包括：详细介绍本企业已有或打算购买的主要设备；概要说明固定资产总额及可变现价值；说明使用现有设备能达到的产值和产量；设备采购周期。

2. 生产过程

生产过程是指从原材料开始，经过一系列的加工，直至产品生产出来的全部过程。在本部分主要回答以下问题：产品生产过程及生产工艺复杂与否，成熟与否？是否需要员工具有特殊生产技能？生产过程中哪几个环节最为关键？生产所需的零部件种类繁多还是只需少数几件？哪一种或哪几种零部件最为关键？产品实际附加值有多高？企业正在计划什么样的生产过程？企业的生产量将有多大？企业需要什么样的生产工具？在计划中有怎样的质量检测手段？等等。

3. 劳动力和原材料

生产性企业把劳动力和原材料结合起来生产产品或服务。

①在计划书中，应表明企业有足够且可靠的物资资源。可以生产自己的产品，估算对材料的需要量，再简述供应商的背景，以及一旦发生问题，企业有何后备资源。

②估计所需要的人员数量和类型，应说明如何合理地雇用所需人员。

4. 库存控制

（1）库存管理

建立一套库存控制系统，增加从销售到生产再到采购等环节的信息流动。这种信息流动可以减少主观猜测成分，可以知道每日的销售情况，通过信息流动使库存保持在合理的水平。

供应商也可以为企业的库存提供帮助。例如，可以和供应商协商，建立一种战略伙伴关系，使供应商在价格、交货期、最低定量等方面具有更多的灵活性。

（2）库存评价

在商业计划书中，需要讨论如何评价和记录库存。通常有两种方法：后进先出法和先进先出法。采用哪一种方法与税收有关，可以先与财务专家商量。

（二）服务性企业的运营

服务性企业的运营自然不同于生产性企业，常需要更多的劳动力，而对机器设备的投资则少一些。服务性企业的经营计划要比生产性企业的简单。

1. 职员的重要性

对许多服务性企业来说，职员是其创造产值的动力。服务性企业的计划书，必须对职员高度重视。可谈及重要职员，如设计人员、营销专家、采购员等的雇佣合同。

2. 采购技巧和服务地点

在零售商的营业计划中可把重点放在如何寻找畅销商品上，可叙述主要采购员的业绩，也可详述与畅销品牌制造商的长期供货协议。

零售商的地点选择包括交通数据，附近的人口统计数据，每平方千米的预计销售，租赁费用和其他重要经济指标。

店面设计也应在计划之内，因为零售商在陈列商品的同时，还得给顾客带来美的享受。

3. 信息技术

生产性公司运用互联网来提高订货速度，顾客通过互联网即可将订单直接发送到生产性企业的生产控制软件上。零售商采用同样的系统可使订购更快更准。风险投资者非常注重运营中的尖端技术，如果是尖端技术，就应当在商业计划书中列出。

第三节　投资的财务预测

为了更好地决定企业的短期和长期资金需求，必须制定准确的、清晰的、有逻辑并且有根据的财务预测。

预测的信息主要有：销售估计、管理成本、产品成本、销售成本、资金支付、边际贡献、债务利率、收入税率、应收账款、应付账款、存货周转、减价计划和资产利用率等。

一、预计利润表的编制

涉及的主要指标有：

1. 销售收入

比较现实地估计一下，若按企业所期望的价格每月能卖出多少单位的产品或服务，期望的收益是多少，定价是否合理，打折或减价。

2. 销售成本和销售费用

精确计算销售成本并不是不能忽略某些小的事项，计算所有产品和服务以便计算与之相匹配的销售成本。销售费用是指为销售产品所发生的各项费用，包括广告宣传、展览，也包括为销售而设置的专门机构的各项经营性开支和专职销售人员的工资福利费等，如果涉及存货，还包括运输费用和直接的劳动费用。

3. 毛利润

用销售收入减去销售成本、销售费用、销售税金及附加即为毛利润（销售利润）。

4. 毛利率

毛利润除以销售收入即为毛利率。

5. 管理费用和财务费用

管理费用是指组织和管理生产经营活动而发生的各项费用，如管理人员工资及福利费、业务招待费、租赁费、折旧费、无形资产摊销、咨询费、审计费、房产税、城镇土地使用税、印花税等。

财务费用是指企业为筹集资金而发生的各项费用，包括贷款利息支出、金融机构手续费以及其他财务费用。

6. 净利润（或净亏损）

税前利润：毛利润总计减去期间费用和各种营业外收支净额。

税款：主要是所得税。

税后利润：税前利润减去所得税款。

7. 损益预测表参考格式

表 5 – 3　　　　　　　　　　　　损益预测表

	第1年	第2年	第3年	第4年	第5年
销售收入					
销售成本					
销售费用					
销售税金及附加					
销售利润					
管理费用					
财务费用					
营业外其他收支					
利润总额					
所得税					
净利润					

注：根据企业经营的情况，费用和开支可以按业务进行分类，如变动费用和固定费用等。例如，可控制费用包括工资和福利费的开支、委托加工或外包服务（转包合同花费、特殊或者一次性服务等）、修理和维护（如定期大规模的装修）；固定开支包括房地产租金、折旧（固定资产分期折旧）、保险（火灾或财产损失或产品损失，包括工人的赔偿）、营业执照和许可证、杂费（不具体的费用，没有独立账目的小花费），再将各种相关的费用和开支记入销售成本、销售费用、管理费用和财务费用中。

在第 1 年，这种表格可用来估测每月的收入和开支。在这以后的 4 年中，每年记录一次就可以了。

二、预计资产负债表的编制

（一）资产

列出企业拥有或控制的有价值的经济资源，这些资源可以在未来的经营中为企业带来经济效益。总资产包括流动资产和长期资产，长期资产又包括长期投资、固定资产、无形资产、递延资产等，资产的折旧和注销（无形资产如专利、版权等逐年减少）应当扣除。

1. 流动资产

流动资产包括以下主要资产：

（1）货币资金：现金，在 12 个月（或一个运转周期）之内能兑换成现金的其他资源，包括现金、银行存款等。

（2）短期投资：也称为暂时投资或可销售有价证券，包括一年内可将股息或红利兑换为现金的股票，列出股票、债券、存单等的市场价值。

（3）应收票据：企业销售产品或提供服务而得到的商业汇票，包括商业承兑汇票和银行承兑汇票。

（4）应收账款：顾客购买商品或享受服务应付的报酬。

（5）预付账款：提前购买或租用的商品或服务，如办公用品、保险和交易场地。

（6）待摊费用：企业已支出但应当在今后一年内分摊的各项费用。

（7）存货：现有的原材料，正在加工的和已完成的商品，制造的产品等。

长期投资也称为长期资产，即在一年以上的时间里可产生利息或红利的资产、股票、债券以及指定特殊用途的存款。

2．固定资产

固定资产包括以下资产：

（1）厂房和设备，包括一切不用于转售、企业所有或用于生产的资源。固定资产也可以出租。固定资产的价值和被租用财产的责任必须在资产负债表中列出。

（2）土地，列出原始购买价格（不包括市场价值补贴）。

（3）建筑、改进或改建设备（包括租赁物的改进）、办公家具、汽车或交通工具等。

（二）负债

1．流动负债

流动负债一般包括以下内容：

（1）短期借款：期限在一年以内的各种借款；

（2）应付票据：对外发生债务时所开出、承兑的商业汇票；

（3）应付账款：在企业运行中购买商品或服务时应向其提供者支付的费用；

（4）预收账款：企业预先收取的货款或定金；

（5）应付利息：短期和长期借用资金利息；

（6）应交税金：在会计过程中由企业会计估计的金额；

（7）应付工资和福利费：应付给员工的工资和各种福利费。

2．长期负债

长期负债主要包括以下内容：

（1）长期借款：一年以上的各种借款；

（2）长期应付款：除长期借款和应付债券以外的其他各种长期借款。

（三）净资产

净资产也被称为所有者权益，净资产是企业主对企业资产的所有权。在独资企业或合伙企业中，股东原有投资加上企业留存收益即为股东权益。对公司来说，净资产等于成立时的实收资本加上资本公积金、盈余公积金和未分配利润。

（四）总负债和净资产

负债加上所有者权益就等于资产。

（五）资产负债预测表参考格式

表 5 - 4　　　　　　　　　　　资产负债预测表

时间 项目	第 1 年	第 2 年	第 3 年	第 4 年	第 5 年
流动资产					
货币资金					
短期投资					
应收票据					
应收账款（减坏账准备）					
预付账款					
其他应收账					
存货					
待摊费用					
其他流动资产					
流动资产总计					
长期投资					
固定资产					
固定资产					
在建工程					
无形及递延资产					
无形资产					
递延资产					
资产合计					
流动负债					
短期借款					
应付票据					

项目＼时间	第1年	第2年	第3年	第4年	第5年
应付账款					
预收账款					
其他应付款					
应付工资					
应付福利费					
未交税金					
未付利润					
预提费用					
流动负债总计					
长期负债					
长期借款					
长期应付款					
其他长期负债					
长期负债总计					
所有者权益					
实收资本					
资本公积金					
盈余公积金					
未分配利润					
所有者权益合计					
负债及所有者权益合计					

三、预计现金流量表的编制

1. 对现金流量表的基本认识

现金流量即估计新设立公司后各年度各种现金流量，完全是现金流入、流出概念。

现金流量表可作为技术者与财务顾问间最省时的沟通工具。财务顾问或投资专家可借助技术专家、创设新事业筹划者所提供的现金流量表及附表了解公司整个商业计划的大部分重要细节。

较复杂的创设新事业商业计划用电子试算表试做现金流量表及附表。踏出实现创业构想的第一步便是拿出现金流量空白表，试着去填满。

2. 编制现金流量表前的准备工作

（1）找到合适人员负责沟通协调并撰写。现金流量表的编制，首先需设法找到合适人员负责，所谓合适人员通常指对新企业及所处产业有充分的认识，对生产、行销、财务、技术、环保、工程或其他方面有专长的人员，该人员未来可能到新公司任职，该人员必须善于沟通协调并汇集各方面的意见，取得市场产业资讯以确认影响新企业营运的关键因素，建立各项基本假设，并据以编制现金流量表。

（2）确认影响现金流量表的关键因素。关键因素是指影响企业未来营运相关的重大事项，并用来建立合理假设，以作为编制现金流量表的基础。例如，人工成本若为设立新公司的营运关键因素之一，则应该说明人力需求、工资率等，以建立基本假设。

（3）建立编制现金流量表所需的各项假设。现金流量表的可靠与否取决于基本假设的优劣。现金流量表中每项科目数字的产生皆需以基本假设为基础。例如，营业收入的基本假设可能为目前市场量、未来市场增长率、公司市场占有率，则可预计未来销售收入。

3. 如何编制现金流量表及其附表

（1）准备好现金流量表格式。下面的现金流量表所列出的科目是以较复杂的制造业为例的。服务业、买卖业的投资方案可能省略某些科目。此外，有些特殊的投资方案有特殊的收入或特殊的支出，则需加入某些科目。

（2）产品观念的形成与市场调查。界定产品名称、种类、竞争者、市场容量及营销策略，这可能是编制现金流量表最难的部分。

（3）预测销售收入。编制未来5年可能的销售收入明细表，并将销售收入汇入总额填进现金流量表。

（4）预测厂房投资金额。包括土地面积多大，租或买；厂房面积多大，租或买；厂房的空调设备，隔间设备。编制厂房投资金额明细表，并将汇总金额填进现金流量表。

（5）预测生产、实验或质检、设备投资金额。包括产品生产及质量管理图，设备名称、何种规格、所需数量、金额。编制生产、实验或质检、设备明细表，并将其汇总金额填入现金流量表。

（6）预测办公设备投资金额。包括办公室面积多大，租或买；办公室的装潢、冷气、桌椅、电话、传真机、电脑及公务车等。编制办公室设备明细表，并将汇总金额填进现金流量表。

（7）预测未来5年管理部门与销售部门的人事和薪资。包括组织结构、各部门人数、人员资格、薪资水准。编制薪资明细表，并将汇总额填进现金流量表。

（8）预测未来 5 年因为销售收入引起的直接人工成本。包括直接人员资格、薪资水准、人数。编制薪资明细表，并将汇总金额填进现金流量表。

（9）预测未来 5 年因为销售收入引起的直接原材料成本。包括直接物料成本，编制成本明细表，并将汇总金额填进现金流量表。

（10）预测未来 5 年因为销售收入引起的变动销售费用。包括佣金等。编制附表，并将汇总金额填进现金流量表。

（11）预测各项管理与销售的成本。如水电费、邮电费、交际费、办公费用、其他业务费用。编制明细表，并将汇总金额填进现金流量表。

（12）其他。如技术转让费等。

4. 现金流量预测表参考格式

表 5 - 5　　　　　　　　　　现金流量预测表参考格式一

时间 科目	第 1 年 第 1 月	第 1 年 第 2 月	第 1 年 第 3～12 月	第 2 年	第 3 年	第 4 年	第 5 年
1. 现有现金（起始月）							
2. 现金流入							
销售收入现金							
货款或其他现金收入							
3. 总现金收入							
4. 总可用现金							
5. 现金付出							
采购							
总工资（扣除提留）							
税费等支出							
外部酬劳费用支出							
办公用品支出							
修理和维护费用支出							
会计和法律费用支出							
广告费用支出							
汽车、递送和差旅费支出							
租金支出							
电话费支出							
公共事业费用支出							
保险费支出							
税收支出							

时间 \ 科目	第1年 第1月	第1年 第2月	第1年 第3~12月	第2年	第3年	第4年	第5年
利息支出							
其他支出							
零星支出							
6. 总现金支出							
7. 现金头寸							
重要经营数据（非现金流信息）							
A. 销售总额							
B. 应收账款							
C. 坏账							
D. 存货							
E. 应付账款							
F. 折旧							

也可以根据企业未来经营情况的预测，将产品销售收入、回收固定资产余值、回收流动资金作为现金流入，而将固定资产投入、流动资金投入、经营成本、销售税金、所得税作为现金流出，预测企业净现金流量，从而分析企业在获得风险投资资金后，未来几年的投资评价和预测。

表5-6　　　　　　　　　　　现金流量预测表参考格式二

时间 \ 科目	第1年	第2年	第3年	第4年	第5年
现金流入					
产品销售收入					
回收固定资产余值					
回收流动资金					
现金流出					
固定资产投资					
流动资金					
经营成本					
销售税金及附加					
所得税					
净现金流量					
累计净现金流量					

5. 财务比率分析

除了三张表（资产负债表、利润表、现金流量表）之外，还有一些财务比率和经营比率也是管理者应该了解和注意的，通过这些比率，也可以了解公司经营状况的好坏。常见的有以下几种：

（1）资产负债率，即负债总额除以资产总额的百分比。资产负债率可用来衡量公司的负债水平，负债率过高是危险的，资不抵债就会破产，保持合理的负债率对公司的财务健康很重要。

（2）流动比率，即流动资产除以流动负债的比值。它可用来判断公司对短期债务的清偿能力。一般而言，流动率在 1.5～2 之间是比较合理的水平。如果从资产负债率的角度看，公司资产高于负债，并不意味着公司有现金偿付能力，只有流动比率能准确反映公司的现金偿付能力。如果流动资产比率低，公司应注意自己的财政状况，及时调整，以备不时之需。

（3）资本报酬率，即净利润与总投资额的比率。它反映的是公司盈利的能力和状况，比率越高，公司的盈利越大。

（4）销售净利率，即净利润与销售收入的比率。这也是一个常用的比率，反映了公司销售收入的收益水平，并可由此判断公司的盈利能力。

通过资本报酬率和销售净利率，创业者和管理层可了解企业经营和盈利状况，风险投资者则可借此判断自己的投资是否投对了，是否应该介入下一轮投资或介入企业经营管理。这两个比率的高低对风险投资者来说是十分重要的。

（5）销售毛利率，即毛利与销售收入的比率。这是一个公司获利能力的评估指标。毛利率低可能意味着产品开始失去市场，或有新的竞争者介入，公司应及时做出应对。

（6）应收账款周转天数。管理层可据此项指标更好地监督和规划流动资金的使用，以防因不能如期回收应收款而导致公司财务危机。

上述六项为常用的财务比率。

（7）行业经营比率。不同行业有不同的经营比率，企业管理者也可借此了解企业的经营状况。比如拥有 500 个分店的连锁老板，限于时间和精力，不可能亲自逐家监察每家分店的经营状况，但他可以要求每家分店的经理向他汇报每平方米的铺面销售额，即将分店每周销售额除以店面面积，则每家分店经营状况的好坏即可一目了然。又如酒店集团可通过各家酒店的空房率了解各家经营状况的好坏，等等。

（8）净资产收益率，即净利润除以平均股东权益。这个比率与销售回报率和毛利率一样，是一个评估公司盈利能力的重要指标。如果一家公司的毛利率在同行业中偏低，而其销售回报率和净资产收益却高于同行业，这意味着这家公司的费用控制管理很成功，其内涵生产力高于同行业平均水平。

（9）每股收益，即净利润除以加权平均发行在外的普通股股数，如果公司股权结构单一，全是普通股，通过这个公式即可得出。如果结构复杂，还有优先股，可转换债券、期权和股票上市发行及回购等存在，股数就得进行加权计算后再除净收益。每股收益是财务报告中的基本指标，也是风险投资者最关注的，所以美国管理机构规定财务报表必须公布每股收益，甚至规定必须把它印在上市公司的损益表的封面上。

（10）市盈率，即普通每股市价除以普通股每股收益。它实际上是上市公司的人气指数，为大众看好的公司其市面上盈率往往大大高于同行业的其他公司。它反映的是投资者的一种心理预期，这种预期往往大大超过公司真正的获利能力，但人气旺意味着买盘多，股票肯定升，因此市盈率高低是判断股票能否升值的指标。

（11）股利实得比率，即普通股每股股利除以每股市场价格。这个比率也可简称为实得股利，对追求现金回报的投资者来说，实得股利比市盈率更重要。实得股利低意味着公司将收益的大部分投入了扩大生产，一般新的或成长中的公司都具有这个特点。所以较保守的投资者倾向于买蓝筹股，因为它们的实得股利较高。

（12）股利支付比率，即每股普通股利除以普通股每股收益。这个比率同前面讲的股利实得比率是同一事物的两种反映。凡实得股利高的公司，其股利支付比率也高。

6. 盈亏平衡分析

企业在创业初期失败，很多是因为创业资本被过多地用于购买固定资产。除非有些设备是初期所必需的，其他的购买应尽可能推迟。固定成本越高，达到收支平衡并开始获利所需的时间就越长。亏损太大、时间过长，不利于新企业的成长。新企业需要尽快获利，否则将面临亏损甚至破产。盈亏平衡分析不仅适用于企业前期的项目规划，而且还适用于企业的日常运营。

线性盈亏平衡的分析步骤和方法介绍如下：

（1）线性盈亏平衡分析的假设分析

①生产量（Q）等于销售量；

②固定成本（F）不变，单位可变成本（V）与生产量成正比变化；

③销售价格（P）不变；

④只按单一产品计算，若项目生产多种产品则换算成单一品种。

（2）盈亏平衡分析的图解法和代数解析法

由前面的假设条件可知：

销售收入：$S = P \times Q$

生产总成本：$C = F + V \times Q$

a. 图解法

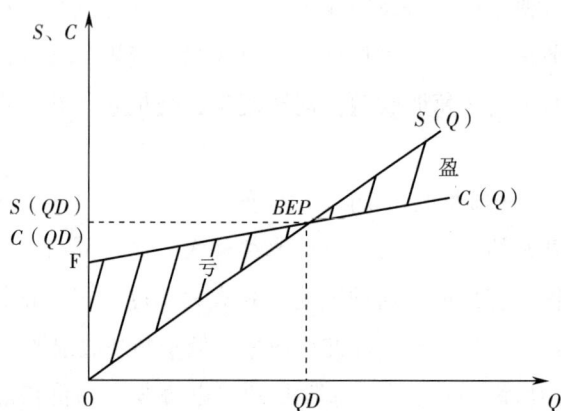

图 5 – 2   图解法示意图

b. 代数解析法

①以实际产量表示的盈亏平衡点（Q^*）

$$Q^* = \frac{F}{(P-V)}$$

②以销售收入表示的盈亏平衡点（S^*）

$$S^* = P\frac{F}{(P-V)}$$

③以生产能力表示的盈亏平衡点（E^*）

$$E^* = \frac{Q^*}{Q_{max}} = \frac{F}{(P-V)\ Q_{max}}$$

④以最大产量时的产品单价表示的盈亏平衡点（P^*）

$$P^* = V + \frac{F}{Q_{max}}$$

第四节   投资的远景规划

精确的规划黄金投资远景，能使我们对投资的定价更加合理，而更合理的投资定价将有助于投资人和融资人更好地配置和调度市场资源。从这个意义上讲，整体经济运行倒需要金融学体现出科学的一面，而投资人的财富命运则完全由其投资艺术决定。

投资是艺术，投入时间和退出时间的把握更是绝对的艺术；而选择什么品种，设置了多少对冲的比例，则是绝对的科学。于是，在投资的领域里，投资人和融资人，都是在科学和艺术之间飞翔。

一、风险的分析与控制

风险投资的风险可以通过科学的管理思想、管理方法和管理手段加以控制，在承担了投资的高风险后，将获得高额的回报。为此，风险投资者会对商业计划书中有关风险的分析非常重视。

（一）描述风险种类

风险投资的风险是在风险投资过程中客观存在的，它不仅存在于生产运营的某一特定的环节，而且存在于运营的全过程。

1. 技术风险

（1）开发风险

高新技术的成功开发，会给投资者满意的回报。然而，由于种种不确定的因素使开发受阻或选择了不成熟的技术，也会导致风险投资的失败。

（2）转化应用风险

高新技术转化为现实生产力的过程是一项复杂的社会过程，除了涉及投资资金的支持外，还涉及科技成果自身是否配套以及国家政策、市场体制、环境保护等方方面面的问题。

（3）技术寿命风险

高新技术发展日新月异，选择的技术何时被更高、更新的技术代替，很难准确确定。当更新的技术提前产生时，原有技术被提前淘汰，风险投资的风险将大大增加。

2. 市场风险

市场风险是指新产品、新技术与市场需求不适应以及新产品的生产设计能力与市场容量不匹配而引起的风险。市场风险是导致新技术、新产品商业化、产业化过程中断甚至失败的核心风险之一。

（1）市场的接受程度

风险投资企业的产品一般都是新颖的。产品推出后，客户对其功用性能缺乏了解和认识，往往持观望态度，有时甚至做出错误的判断，直接影响了市场对新产品的接受和市场容量。

（2）市场接受的时间

从产品的推出到诱导出需求存在时滞，有的产品时滞比较长，过长的时滞将影响企业资金的正常周转，降低资金的利用水平，甚至导致企业的生产经营难以持续。

（3）新产品的市场容量

理想状态是新产品的设计生产能力与市场容量协调一致。如果设计能力过小，或者设计能力超过了市场的实际需求，都会增加投资风险。

（4）市场竞争力

市场经济本质上是一种竞争型经济，对于刚刚起步、尚未建立起强大销售网络的高新技术企业，实在是严峻的考验。

3. 财务风险

财务风险集中体现在两个方面：

（1）风险投资企业发展到一定阶段，随着经营规模的扩大，对资金的需求迅速膨胀，能否及时获得后续资金的支持，将直接关系其扩张与成长。

（2）风险投资在适当时候应从所投资的企业或项目中退出来，然后进行新一轮投资。风险资本需要具备一定的流动性、周转率，如果退出机制不完善，退出渠道不顺畅，风险资本被锁定在投资客体中，"风险投资"将失去其本色与功能。

4. 管理风险

管理风险是指创业企业因管理不善而导致的风险，它也是风险投资风险的核心问题之一。

（1）意识风险

企业在生产经营过程中，若过于追求短期效益，目光局限于产品项目创新，而忽视了管理创新、制度创新、工艺创新、售后服务创新以及企业文化平台在更高层次上的构筑等，也会大大增加风险。

（2）决策风险

现代企业管理的重心在经营，经营的重点在决策。风险投资的客体主要是高新技术企业，而高新技术发展迅速，产品更新换代快（一般为 2~3 年，有的产品时间更短），影响因素又多，因此，失误的决策必然造成失败的企业。

（3）组织人事风险

由于企业组织的调整、创新滞后，造成高素质人才流失，企业的技术开发、内控管理、市场营销受到很大影响的事例时有发生。如果核心人物离开会对企业带来什么影响？谁会接管此人的位置？

5. 行业风险

政策因素、自然因素、行业因素及世界经济状况因素等，都会给风险投资带来或大或小的风险，这类风险的特点是投资者不易预测，难以控制。

（二）风险控制

风险是客观存在的，但并不可怕，只要每一条风险后面都有相应的解决策略，让风险投资者放心，企业的管理者就有能力、有办法控制风险。

1. 行业风险的对策

（1）充分发挥企业在生产技术、产品质量、管理水平、科研水平方面的优势，加快新产品的研制、开发和生产，扩大生产规模。

（2）坚持质优价廉和优质服务方针。

（3）发挥系列产品的集约优势，增加产品的竞争力，提高产品的市场占有率。

2. 经营风险对策

（1）充分利用各广告媒体，加强企业宣传和广告宣传。

（2）强化销售队伍和售后服务，保持与客户的良好合作关系。

（3）快速推进其他系列产品的开发，从而相对减少对单一产品的依赖。

（4）利用一切优势使本产品成为国内知名品牌，力争将产品打入国际市场。

（5）积极营造良好的工作环境和科研环境，改善福利待遇，吸引更多的科技人员和高素质人才来企业工作。

3. 市场风险对策

（1）在加强产品销售的同时，建立一套完善的市场信息反馈体系，制定合理的产品销售价格，增加企业的盈利能力。

（2）加快产品的开发速度，增加市场应变能力，适时调整产品结构，增加适销对路产品的产量。

（3）实行创名牌战略，以优质的产品稳定客户，稳定价格，以消除市场波动对本企业产品价格的影响。

（4）进一步提高产品质量，降低产品成本，提高产品的综合竞争能力，增加产品适应市场变化的能力。

（5）进一步拓宽思路，紧跟市场发展方向。

4. 管理风险对策

降低管理风险的一般策略是加强组织机构的建设，建立适应性强的组织机构和有效的激励制约机制。减少企业对个别主要领导的过分依赖，加强对管理者的培训，培养创新意识。

5. 技术风险对策

说明本技术在国际上的领先地位，进一步加大科技投入，以保证技术和应用产品的先进性，持续保持技术的领先地位，同时，加快科技转化为产品的速度，迅速占领市场。企业应密切注视国内外最新科技动态，及时调整研发方向和战略。

二、融资管理

规划融资需求，阐述相关问题。

1. 提议的融资方式

企业可以在普通股、优先股和可转换债券以及认购股权等几种融资工具中，向风险投资者提议一种。注意，要对有关发售这些金融工具的众多细节问题予以说明，以免风险投资者产生过多的疑问。

（1）如果出售的是普通股，通常要求说明：

①是否分配红利；

②红利是否可以积累；

③经过一段时期后股份能否回购，以便风险投资者撤回投资；

④估计的发售价格是多少；

⑤该种股权是否有所限制；

⑥普通股持有人具有什么样的股票权和注册登记权（安排上市从而变为公众公司）。

（2）如果发售的是优先股，则需要说明：

①支付何种股利；

②对优先股有何回购安排；

③优先股是否可以转换为普通股；

④优先股股东是否具有股票权；

⑤对优先股股权有何限制；

⑥是否在董事会具有控制权；

⑦如果是可转换优先股，那么转换价格是多少；

⑧优先股具有哪些优先权。

（3）如果发售的是可转换债券，也需要对相关条款做出说明，包括：

①债券期限是 5 年，还是 10 年；

②债券利率以多高为宜；

③是固定利率还是变动利率；

④该债券可以转换为普通股还是优先股；

⑤如果上述条款还可以协商，那么也应该在这里予以说明。

（4）如果是发售股票期权。那么需要对风险投资者必须支付的期权购买价格做出说明，考虑风险投资者兑付期权时的执行价格和购股数量，并说明期权的期限是多长。

（5）如果提议的融资方式及有关条款还有协商的余地，那么也应该予以特别说明。

2. 资本结构

要求对本企业的普通股、优先股及长期负债做出规划，以便风险投资者对企业融资前后的资本结构有全面的了解。

3. 融资抵押

如果是普通股融资，当然不存在抵押的问题。如果是债务融资，则需要就债务抵押情况做出说明。

4. 担保

主要说明对风险投资者的投资提供个人担保或公司担保的情况。如果是个人担保，通常需要提供担保人的个人财务状况资料。

5. 融资条件

比如，本企业是否允许风险投资公司的代表进入董事会，资金到位后企业要达到什么样的目标，哪些阶段性目标必须达到，等等。

6. 报告

主要介绍本企业打算通过何种方式向风险投资者报告经营管理情况，如提供月、季度损益表，资产负债表和年度审计后的财务报表等。

7. 资金运用

说明本企业将如何运用资金，最好不要使用"营运资金"这样模糊的字眼，而要尽可能分项详细论述，如固定资产购置、流动资金的使用计划等。

8. 所有权

规划现有股东持股数量及风险投资者在投资发生后的持股数量。说明获得该项所有权支付的金额，每位股东的股权比例等。对企业创始股东已经或将会获得股份（而不是现金）的情况更要详细加以说明，如果考虑给予土地、建筑物、机器设备或是创业股份，那么对这些资产目前的市值也需要加以说明。

9. 面值摊薄

计算投资本企业资产、净资产以及盈利账面值将被摊薄到何种程度。

10. 费用说明

说明规划融资过程中是否需要支付咨询顾问费、律师费用及如何支付等问题。

11. 风险投资者对企业经营管理的介入

风险投资者一般要求在企业董事会中占有 1 ~ 2 个席位，如果本企业希望风险投资者对经营管理的介入更深一些，那么可以在此加以设计。

三、贵金属投资的回报与退出

风险投资者最终想要得到的是现金而非为投资而投资。企业应描述怎样使风险投资者最终以现金的方式收回其对本企业的投资。

在阅读了企业的一系列美妙设想和规划后，风险投资者还有最后的两个问题需要予以解答：一是他将获得多少投资回报；二是他的投资资金如何退出。

这两个问题直接关系到风险投资者本次风险投资是否成功，因此也是他十分关心的关键性问题。

这一部分中必须对企业未来上市公开发行股票的可能性，出售给第三者的可能性及企业自己将来在无法上市或出售时回购风险投资者股份的可能性给予周密的预测。当然，任何一种可能性都要让风险投资者明了他的投资回报率。

1. 投资回报率

投资回报率是广泛使用的评价项目经济效果的方法。必须规划出高倍数的投资回报，使风险投资者明白如果他投入所要求的资金量，他将会得到怎样的回报。

计算如下：

$$投资回报率 = 每年净收益/投资额$$

即 $$投资回报率 = 资产周转率 \times 销售毛利率$$

$$= \frac{销售收入}{投资额} \times \frac{净收入}{销售收入}$$

2. 退出方式

风险投资者收回投资大体有以下三种方式，企业应该对这三种方式分别进行描述，并指出哪一种是最可能的投资退出方式。

①公开上市

上市后公众会购买公司股份，风险投资者所持有的部分或全部股份就可以卖出。

②兼并收购

可以把企业出售给一家大公司（通常是某个大集团）。如果采用这种方式，一定要提到几家对本企业感兴趣并有可能采取收购行动的大集团或大公司。

③偿付协议

最后一种方式是企业可以给风险投资者提供的"偿付安排"。在偿付安排中，风险投资者会要求企业根据预先商定好的条件回购其手中的权益。

第五节　商业计划书的格式

封面格式：

××项目

商 业 计 划 书

项目单位＿＿＿＿＿＿＿＿＿＿＿＿＿＿＿＿＿＿＿＿＿＿＿

地　　址＿＿＿＿＿＿＿＿＿＿＿＿＿＿＿＿＿＿＿＿＿＿＿

电　　话＿＿＿＿＿＿＿＿＿＿＿＿＿＿＿＿＿＿＿＿＿＿＿

传　　真＿＿＿＿＿＿＿＿＿＿＿＿＿＿＿＿＿＿＿＿＿＿＿

电子邮件＿＿＿＿＿＿＿＿＿＿＿＿＿＿＿＿＿＿＿＿＿＿＿

联 系 人＿＿＿＿＿＿＿＿＿＿＿＿＿＿＿＿＿＿＿＿＿＿＿

保密协议

本商业计划书属于商业机密，所有权属于（公司名称）。所涉及的内容和资料仅限于已签订投资意向书的投资者使用。收到本计划书后，收件人即可确认，并遵守以下规定：（1）若收件人不希望涉足本计划书所属项目，请按上述地址尽快将本计划书完整退回；（2）在没有取得（公司或项目名称）书面同意前，收件人不得将本计划书的全部或部分予以复印、传递给他人、影印、泄露；（3）应该像对待贵公司的机密资料一样对待本商业计划书所涉及的所有机密资料。

商业计划书编号：　　　　　　　　　　　　　　收方：

公司：　　　　　　　　　　　　　　　　　　　签字：

　　　　　　　　　　　　　　　　　　　　　　日期：

创业计划编号：　　　　　　　　　　　　　　　收方：

公司：　　　　　　　　　　　　　　　　　　　签字：

　　　　　　　　　　　　　　　　　　　　　　日期：

正文格式：

一、摘要

（一）公司简介

公司名称、性质、公司地址、电话、成立时间、联系人。

（二）业务类型

所属行业、业务范围、业务性质。

（三）公司产品和经营概况

公司产品情况和经营情况的概述。

（四）公司现有股权状况

1. 股东名单；

2. 各股东的认股权、股份比例和特权等。

（五）资金需求与融资阶段

1. 总资金需求及运作周期；

2. 合作方式。

二、公司背景与历史

（一）公司的创建时间

（二）公司的主导产品

（三）公司发展的历史及重要事件

三、法律协议与诉讼

（一）公司签署的各项法律协议

如雇员协议、特许权、营销许可、专利权等。

（二）诉讼

说明与公司相关的诉讼事件。

四、公司发展计划（目标）

（一）近期发展目标（1~2 年）

（二）中长期发展目标（3~5 年）

（三）资金使用计划

1. 阶段资金用途及金额；

2. 资金投入后要取得的效益或阶段目标。

五、企业组织与管理

（一）企业组织结构图

1. 行政管理；

2. 生产运营。

（二）董事和高级职员

列出董事、主要高级职员的姓名、职务和年龄，简要介绍他们的背景。

（三）薪酬体系

列表说明公司所有关键雇员、股东和高级职员的个人收入状况，包括姓名、职务、薪金及其他收入情况，其中薪金指由公司取得的全部收入，具体包括股东收入、咨询费、佣金、红利、工资等。

六、产品或服务与行业介绍

（一）产品或服务

1. 准确描述产品，以免对产品和生产计划有理解上的歧义；

2. 如果有多种产品或服务，应分项说明；

3. 说明产品价格、定价依据和获利水准；

4. 全面分析影响价格的因素，并应对各种情况均做出尽可能的解释；

5. 产品或技术的版权、专利权和商标权等；

6. 关于产品的报道、介绍、样品与图片。

（二）产品或服务的竞争优势

1. 竞争对手的产品特点、市场状况及发展趋势；

2. 自有产品的竞争优势。

（三）行业或市场

1. 行业概况；

2. 产品市场的分布与结构；

3. 产品或服务的市场总需求量（市场容量）；

4. 政府政策。

七、研究与开发

1. 明确列出已用于研究、开发的费用总额；

2. 研究开发的现状、计划发展方向和目标；

3. 计划将来用于研究与开发的费用预算；

4. 说明准备利用研究与开发资金完成哪些具体任务。

八、市场与营销

（一）市场分析

1. 目标用户群的需求点及其需求的变化发展预测；

2. 用户群的性质、特点；

3. 市场形成的背景、过程及发展速度；

4. 现有的市场规模和特点；

5. 推动市场发展的动力以及市场的发展前景；

6. 影响市场发展的有利因素和不利因素。

（二）市场销售

1. 现用销售模式以及现有的市场机构和销售渠道；

2. 发展方向和各阶段目标；

3. 现有销售队伍以及管理方法；

4. 发展过程中销售队伍的管理；

5. 现有的广告、促销手段以及实施效果和未来计划；

6. 现行价格策略以及制定原因、效果和未来计划；

7. 公司以往销售业绩；

8. 预期分阶段销售目标。

（三）售后服务

九、生产与经营

（一）生产与服务

1. 描述生产或服务的全部过程，并着重说明主要生产阶段；

2. 生产成本及其控制，特别要说明计划采用什么措施，把成本控制在理想水准；

3. 质量控制方案。

（二）生产类型

1. 技术难度；

2. 是否为高科技产品；

3. 协作或外购部分的比例是多少；

4. 生产过程中有哪些关键技术；

5. 技术人员培训的有关情况。

（三）生产或营业设施

1. 公司自有或合用的作为生产、营业场所的不动产；

2. 营业场所占地面积和每平方米的价格。

（四）设备

1. 公司现有或计划购置的主要设备；

2. 现存固定资产的基本情况及其价值；

3. 现存可用于生产的设备总量及价值；

4. 设备的先进程度。

（五）供应情况

1. 供应本公司原材料和其他资源的有关公司情况；

2. 完整的主要原材料供应商的明细表；

3. 原材料市场分析。

（六）协作生产商

如果有协作生产商或委托加工部分，则应在计划书中说明主要协作生产商的名称、地址和合同金额。

（七）关键技术人员

1. 说明现有关键技术人员的数量及主要作用；

2. 保证关键技术人员稳定可靠的有关措施。

十、基本经营模式

可以用图表进行说明。

十一、竞争与风险

（一）竞争分析

1. 说明已有的竞争产品及相关公司的情况；

2. 说明各竞争公司的销售额和市场占有率，同时要说明各公司的实力；

3. 本公司产品与竞争对手的产品有哪些区别；

4. 如果竞争力不强，应分析缺少竞争力的原因；

5. 如果认为将来可能有竞争力，则应指出主要潜在的竞争对手，分析它们何时可能进入市场。

（二）其他弱点与潜在威胁

十二、财务

（一）以往财务状况

1. 现金流量表；

2. 损益表；

3. 资产负债表。

（二）经营计划的分阶段条件假设

1. 产品的销售价格和销售量；

2. 产品的生产成本；

3. 研发费用（人员、设备、场地、调研、办公费用等）；

4. 销售费用（渠道、推广费用等）；

5. 利润；

6. 资金缺口。

（三）预计财务状况

1. 企业或项目收益预测；

2. 财务盈亏分析。

十三、投资建议

对投资人阐明企业期望的理想的投资方式。

十四、附录

1. 主要合同资料；

2. 信誉证明；

3. 相关图片；

4. 分支机构列表；

5. 市场调查结果；

6. 主要领导人简历；

7. 生产技术信息平面布置；等等。

第六章　贵金属投资经典案例

第一节　白银大庄家亨特兄弟

一、概述

亨特兄弟是美国得克萨斯州的亿万富翁，以石油起家，是当时全美最富有的家族之一。20世纪70年代初期，白银价格在2美元/盎司附近徘徊。1971年布雷顿森林体系垮台，亨特兄弟敏锐地觉察到滥发纸币必将为通货膨胀打开罪恶之门。

此后，亨特兄弟在20世纪70年代末80年代初疯狂投机白银，控制了美国期货市场中超过一半的期货合约，同时还持有1.2亿盎司的白银现货，把白银这样的大宗商品从2美元/盎司推高到50.35美元/盎司（这个纪录现在还没有被打破），如果考虑到美元贬值的因素，大约相当于现在的120美元/盎司，无数空头被轧得死去活来，创造了金融投机史上一段传奇。

二、市场背景

在国际金本位制建立之后的年代里，白银似乎成了被遗忘的角落。随着黄金在国际储备和贸易中的地位日益增加，白银的价格也日益滑落。1910年，每盎司黄金的价格是每盎司白银价格的38倍左右，到了1930年则提升到近63倍，1940年提升到近100倍。也就是说，在1910年选择持有白银作为储备工具的人，在30年后的财富只有选择黄金作为储备工具的人的30%。

20世纪70年代初期，白银价格在2美元/盎司左右徘徊，这个数字看起来很低，但已经从最低点上升了80%左右，这主要是因为美国财政部放宽了对白银的管制。与此同时，黄金的价格也很低，与白银的比只有23倍左右，这说明整个贵金属市场都处于低点。

贵金属低迷可能有许多原因，如美国和世界各国政府都限制个人持有黄金，通货膨胀形势温和，股市和债市在20世纪50~60年代表现良好，等等。但最主要的原因是当时的机构投资者和个人投资者都没有把贵金属当成一种真正的投资品。期货交易所的交易商可能会在白银上进行投机，但不会长期持有，至于黄金更是被排除在大部分投资者的选择之外。投资者们没有意识到，黄金和白银拥有很强的保值能力，并且与股票、债券市场的相关性很低，可以作为投资组合的一个有益补充。他们不知道，一个通货膨胀严重、商品价格不断上涨的时代就要到来了，黄金和白银注定要在那个时代里大放异彩。

20 世纪 70 年代，对全世界的金融家和企业家来说都是充满危机和挑战的 10 年。美国在越南战场难以自拔，中东战争导致了石油禁运和石油产量不稳定，石油输出国组织登上了历史舞台，拉美国家出现了货币危机，苏联在军事上采取了咄咄逼人的态势，这些都加剧了宏观经济的不稳定性。美国和欧洲经济出现了"滞胀"，其标志是石油、黄金、白银等"保值商品"的价格飞涨。

在商品市场大牛市的背景下，许多交易商和银行家把大笔资本投入到了商品期货和现货投机，期货价格反过来又影响了现货。其中，最著名的例子莫过于石油大王亨特家族的冒险奇遇。与亨特家族相比，华尔街和芝加哥交易所的那些交易商只能算是小巫见大巫。在黄金和白银产量大大提高、国际市场流动性很强的 20 世纪 70 年代，亨特家族凭借其强大的财力和关系，近乎垄断了白银市场，并促使银价飞涨。

三、亨特家族

亨特家族在 1980 年之前，一度名列世界最富有家族之列。这一家族的创始人 H. L. 亨特于 1889 年出生在伊利诺伊州的农村，是家里最小的孩子。他的父母经营农场，家境比较富裕，但他从小没有接受过正规教育。1912 年，23 岁的亨特开始在阿肯色州经营棉花种植园，第一次世界大战带来了农产品价格上涨，亨特因此赚到了第一桶金。H. L. 亨特真正成为巨富开始于石油产业。1950 年，他组建了亨特石油公司，他本人和家族财产基金会拥有其 100% 的股份。

1957 年，《财富》杂志估计 H. L. 亨特拥有 4 亿~7 亿美元的财富，是当时美国最富有的八个人之一。

第二代亨特家族成员尼尔森·亨特和威廉·亨特作为亨特家族的活跃分子，于 20 世纪 70 年代后期开始涉足期货市场。他们很快发现，在期货市场上投机赚钱比老老实实开采石油或开设酒店赚钱要容易得多。

尼尔森·亨特和他的弟弟威廉·亨特开始了大肆投机。他们的手段很简单——只买进期货，不买进现货。也就是说，囤积居奇仅限于纸上的期货合约，并不直接影响市场上消费的大豆。这样的囤积的成本很低，亨特家族既不用到处收购大豆，又不用租用仓库来储存大豆，只需要在芝加哥交易委员会的交易池里不停地发出买进指令就可以了。但是，这样的囤积也是非常危险的，因为大豆其实并没有出现短缺，如果期货价格与现货价格差距过大，空头可以从现货市场上买进大豆，然后与亨特家族交割。到那个时候，亨特家族收到的将不是现金利润，而是堆积如山的大豆。

为了防止单个交易商垄断市场，芝加哥交易委员会规定每个交易商拥有的期货合约不得高于 300 万蒲式耳，或者全部合约的 5%。这样小的数量显然不足以操纵价格。于是，尼尔森·亨特发动整个家族的力量，以家族成员的名义设立了许多交易账户，开足马力买进大豆期货合约。不到一年之内，由亨特家族控制的大豆期货已经达到 2400 万蒲式耳，占当时所有大豆期货合约数量的 40%！

尼尔森·亨特的投机活动招来了许多跟风者，大家都知道大豆正在被操纵，所以纷纷加入交易，试图从波动中牟利。1977 年，大豆期货的交易量居然占据了芝加哥交易委员会总交易量的 50%，简直是骇人听闻！大豆期货价格从一年前的 5.15 美元上涨到高峰时期的 10.30 美元，整整增长了 1 倍。随后，亨特家族不声不响地卖出了所有大豆期货。按照大豆期货的升值幅度计算，亨特家族的盈利可能超过 1 亿美元。

在大豆市场的成功使尼尔森·亨特扬扬得意。与此同时，他还在进行另一种商品的交易，这种商品比大豆贵重得多——那就是白银。在大豆期货获利了结之后，亨特家族更可以把大部分精力用于对白银现货和期货的炒作，而且他们这次还找到了可靠的战略投资者，作为其垄断国际白银市场的盟友。

四、涉足白银期货

1973 年，尼尔森·亨特开始在中东购买白银现货，同时在纽约和芝加哥的期货市场上买进白银期货。这一决策非常富有战略眼光，亨特家族抢到了白银价格上涨前最后的平静时刻，在谷底建立了大量仓位。1973 年 12 月，亨特家族已经购买了价值 2000 万美元的白银现货，并以每盎司 2.90 美元的成本购买了 3500 万盎司的白银期货，这使他们成为全世界最大的白银持有人之一。

市场上的白银很快出现了严重短缺。在此前的几十年中，许多银矿已经因为无利可图而关闭了，人们对开采新银矿的热情也不高。用经济学术语来表述，就是白银这种商品存在较小的"供给弹性"，在价格陡然上升的时候，白银生产商无法立即扩大产量，结果导致价格进一步攀升。许多交易商跟在亨特兄弟的屁股后面冲进了白银期货市场，在仅仅两个月之内，就把白银价格提高到了 6.70 美元/盎司，涨幅接近 130%！

可是，亨特家族并不是市场上唯一控制白银的人。俗话说得好，螳螂捕蝉，黄雀在后，墨西哥政府当时也囤积着 5000 万盎司的白银，而且成本价在 2 美元/盎司以下，远远低于亨特家族的购买价。看到白银价格扶摇直上，墨西哥政府乐得合不拢嘴，急忙决定获利了结。5000 万盎司的巨大抛盘立即摧毁了市场，银价又跌落到了每盎司 4 美元左右。亨特家族虽然没有亏本，但账面利润已经大大减少了。

亨特家族终于意识到，要控制白银这种重要的贵金属，只凭一个家族的力量是不够的，还要借助外来的战略投资者。这个世界上，有谁既拥有大笔财富又有兴趣投资于白银呢？尼尔森·亨特把目光投向了中东，那里有亨特家族的石油生意，也有非常庞大的关系网。沙特王室已经因为石油而富裕了起来，亨特家族正好和沙特王子们的关系很好，而这些王子们又控制着沙特最大的银行——国家商业银行。于是，亨特家族向沙特政府和王室吹嘘白银的投资价值和自己操纵市场的能力，不但吸引了沙特王室的大笔投资，还吸引了沙特国家联系汇率的大量外汇投资。

此后的 4 年间，亨特兄弟积极买入白银，到 1979 年，亨特兄弟通过不同公司，同沙特王室以及大陆、阳光等大的白银经纪商，拥有和控制着数亿盎司的白银。当他们开始行动时，白银价格正停留在 6 美元/盎司附近。之后，他们在纽约商业交易所（NYMEX）和芝加哥期货交易所（CBOT）以每盎司 6 ~ 7 美元的价格大量收购白银。

根据美国商品交易委员会的调查，在 1979 年冬天，亨特家族掌握的白银期货合约总价值已经高达 30 亿美元；到了 1980 年 1 月，其总价值可能超过 50 亿美元！亨特家族在 1979 年底到 1980 年初的 2 个多月里，向美国各大银行贷款数千万美元，从华尔街经纪人那里贷款 2 亿多美元，几乎成为美国乃至全世界最大的借款人。他们每月仅仅支付利息就要花费几百万美元。

1980 年 1 月 21 日，白银涨到了它的历史最高价：每盎司 50.35 美元。在短短 12 个月里，银价上涨了 8 倍；从 10 年前算起，银价上涨了 25 倍。

五、崩盘

在亨特兄弟疯狂采购白银的过程中，每张合约的保证金只需要 1000 美元。一张合约代表着 5000 盎司白银。所以，芝加哥期货交易所决定提高交易保证金。交易所理事会鉴于形势严峻，开始缓慢推行交易规则的改变，并最终把保证金提高到了 6000 美元。后来，索性出台了"只许平仓"的规则。新合约不能成交，交易池中的交易只能平去已持有的旧头寸。

1974 年，美国国会颁布了《商品期货交易委员会法》，创立了商品期货交易委员会（CFTC）。此法给予 CFTC 相当大的权力，以监管期货交易和交易所的业务活动，阻止期货市场上操纵现象的发生。CFTC 如果有足够的理由认为某个人操纵或企图操纵期货市场价格，就可以对该人提起诉讼，并陈述这方面的指控。

最后，纽约商品期货交易所在 CFTC 的督促下，对 1979—1980 年的白银期货市场采取了措施，这些措施包括提高保证金、实施持仓限制和只许平仓交易等。其结果是降低空盘量和强迫逼仓者不是退出市场就是持仓进入现货市场，当然，由于占用了大量保证金，持仓成本会很高。当白银市场的高潮在 1980 年 1 月 17 日来临之时，意图操纵期货价格的亨特兄弟无法追加保证金，在 1980 年 3 月 27 日接盘失败。

价格下跌时，索还贷款的要求降临在亨特兄弟面前。之前，他们借贷来买进白银，再用白银抵押来贷更多款项。现在他们的抵押品的价值日益缩水，银行便要求更多的抵押品。3 月 25 日，纽约投资商 Bache 向亨特兄弟追索 1.35 亿美元，但是他们无力偿还。于是，Bache 公司指示卖出亨特兄弟抵押的白银以满足自己的要求。白银倾泻到市场上，价格崩溃了。仅仅几天前还在高位运行的白银期货，在 3 月 27 日就跌到了 10 美元/盎司的低点，而在交易结束前又回升到了 15 美元/盎司。

亨特兄弟持有数千张合约的多头头寸。单单为了清偿债务，他们就要抛出 850 万盎司白银，外加原油、汽油等财产，总价值接近 4 亿美元。亨特兄弟去华盛顿求美国政府官员，试图争取财政部贷款给他们，帮助他们渡过难关。此时，亨特兄弟手里还有 6300 万盎司白银，如果一下子抛出，市场就会彻底崩溃。另外，美国的一些主要银行，如果得不到财政部的帮助来偿还贷款，也将面临破产的危险。

亨特家族接下来的遭遇验证了马克·吐温的名言："如果你欠银行 1 美元，那么你将有麻烦；如果你欠银行 100 万美元，那么银行将有麻烦。"

在权衡利弊之后，美国政府最终破天荒地拨出 11 亿美元的长期贷款来拯救亨特家族及整个市场。

轰轰烈烈的白银危机到此就宣告结束了。亨特家族实际上已经崩溃，只是以"死猪不怕开水烫"的态度获得了美国政府的帮助，延缓了自己的瓦解。1981 年以后，随着白银产量的扩大，白银期货和现货价格不断下跌，亨特家族手中剩余的几千万盎司白银大幅度贬值，财政状况更加恶劣。尼尔森·亨特和弟弟威廉·亨特被迫于 1987 年申请破产保护，并且卖掉了他们的所有产业。作为石油巨头和赛马王子的尼尔森·亨特从新闻中消失了，变成了一个破产的前富豪。他带着 10 亿美元来到华尔街和芝加哥，最后变得一文不值。

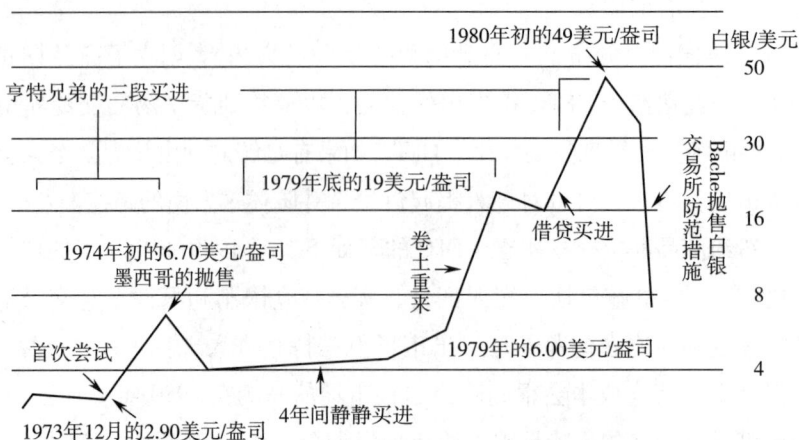

图6-1　美国亨特兄弟操作白银市场示意图

第二节　"郁金香泡沫"

一、概述和背景

1636年荷兰的郁金香投机是有据可查的人类历史上最早的泡沫经济案例。每年春季，人们都可以在花园中见到美丽娇艳的郁金香。可是却很少有人想到在三百多年前，郁金香居然给欧洲经济带来了一场轩然大波。有人考证说，郁金香的原产地是中国。

据说在很久以前，骑在骆驼背上的商人们通过丝绸之路把郁金香带到了土耳其。根据文献记载，郁金香在16世纪中叶从土耳其传入奥地利，然后从这里逐步传向西欧。当时，荷兰是世界上屈指可数的强国，以其独特的气候和土壤条件，很快就成了郁金香的主要栽培国之一。

1630年前后，荷兰人培育出了一些新奇的郁金香品种，其颜色和花型都深受人们的欢迎。典雅高贵的郁金香新品种很快就风靡了欧洲上层社会。在礼服上别一枝郁金香成为最时髦的服饰，贵妇人在晚礼服上佩戴郁金香珍品成为显示地位和身份的象征。王室贵族以及达官富豪们纷纷趋之若鹜，争相购买最稀有的郁金香品种，特别是在法国盛行的奢侈之风把郁金香的价格逐渐抬高起来。在1635年秋季，名贵品种郁金香的价格节节上升。在巴黎，一枝最好的郁金香花茎的价钱相当于110盎司的黄金。1634年以后，郁金香的市场需求量逐渐上升。在1636年10月之后，不仅珍贵品种的价格被抬高，几乎所有的郁金香的价格都飞涨不已。可惜好景不长，郁金香泡沫只维持了一个冬天，在开春之前，郁金香泡沫崩溃了。郁金香市场一片混乱，价格急剧下降。1739 年的数据显示，有些郁金香品种的价格狂跌到最高价位的 0.005%。

在西方流行的花卉品种很多，如玫瑰、菊花等，但为什么唯独郁金香会引起这样大的金融风暴呢？诚然，在 17 世纪欧洲市场上对郁金香的需求迅速上升，这是促成郁金香泡沫的必要条件之一。可是，许多商品在一段时间内都出现过供不应求的现象，却并没有因此而出现泡沫经济，郁金香泡沫的形成必然有其特殊的理由。郁金香大致上分为普通品种和特殊品种两类。Switsers、Gheele Croonen、White Croonen 等属于普通品种，而 Semper Augustus、Gouda 等属于名贵品种。普通品种以重量（磅）论价，名贵品种以头论价。

郁金香有两种繁殖方法。一种是通过种子繁殖，另一种是通过郁金香的根茎繁殖。郁金香的根茎就像大蒜一样，栽到地里，每年 4、5 月间就会开花，花期十天左右，到了 9 月，根部又会长出新的球茎。新的球茎的重量比原来种下去的球茎只能增加一倍左右。如果通过种子繁殖，要经过 7～12 年才能得到比较理想的球茎。郁金香市场上交易的不是花，而是球茎。园艺家们在郁金香的栽培过程中发现，利用一些自然开裂的球茎往往可以培育出特殊的新品种，开出非常鲜艳的花朵。这实际上是那些开裂的球茎受到某种花叶病毒的感染之后产生的异变。这种异变只能通过球茎繁殖来传承，而不能通过种子来传承。如果郁金香的球茎不能自然开裂，也就不一定能够保证受到这种病毒的感染。因为当时的科学技术很难控制球茎开裂的概率，再加上这种花叶病毒会把球茎的产量降低 10%～15%，这就使郁金香球茎难以在短期内增加供给，名贵品种的郁金香球茎更是十分难得。

物以稀为贵，郁金香的稀缺使之身价百倍。出现郁金香泡沫的第一个重要原因是在短时期内，郁金香球茎的供应量几乎是一个常数，它不会因为需求量的增加而发生变化，即使郁金香的价格上升，生产者也没有办法迅速增加供给。从供求关系上来看，郁金香供给曲线很陡。期货交易的雏形如果在商品市场上供不应求，难免会有些奸商们囤积货物，抬高物价。例如，在棉花、铜、锡等商品市场上都曾经出现过程度不同的投机活动。可是，这些商品市场的波动都没有像郁金香泡沫那样大，原因之一是和郁金香市场的操作方式有关。

在 1634 年以前，郁金香和其他花卉一样都是由花农种植并直接经销的，价格波动的幅度并不大。在 1634 年底，荷兰的郁金香商人们组成了一种类似产业行会的组织（College），基本上控制了郁金香的交易市场。这个行会强行规定：任何郁金香买卖都必须向行会缴纳费用，每达成一个荷兰盾的合同要交给行会 1/40 荷兰盾。对每一个合同来说，其费用最多不超过 3 盾。由于这些行会通常在小酒馆里进行郁金香交易，他们所收取的费用也就常常被称为酒钱（Wine money）。由于郁金香的需求上升，推动其价格上升，人们普遍看好郁金香的交易前景，纷纷投资购入郁金香合同。郁金香球茎的收获期是每年的 9 月。

在 1636 年底，荷兰郁金香市场上不仅买卖已经收获的郁金香球茎，而且还提前买卖在 1637 年将要收获的球茎。郁金香的交易被相对集中起来之后，买卖双方的信息得以迅速流通，交易成本大大降低。在这个期货市场上没有很明确的规则，对买卖双方都没有具体约束。郁金香合同很容易被买进再卖出，在很短的时间内几经易手。这就使商人们有可能在期货市场上翻云覆雨，买空卖空。在多次转手的过程中，郁金香价格也被节节拔高。

二、泡沫的形成

在行会的控制和操纵之下，郁金香的价格被迅速抬了起来，买卖郁金香使一些人获得了暴利。郁金香价格暴涨吸引了许多人从欧洲各地赶到荷兰，他们带来了大量资金，外国资本大量流入荷兰，给郁金香交易火上浇油。

在 1636 年 12 月到 1637 年 1 月，所有品种的郁金香价格全线上升。以稀有品种 Gouda 为例，其价格在 1634 年底仅为每盎司 1.5 基尔德（荷兰盾），到 1636 年底也只不过上升到每盎司 2 基尔德。随着郁金香投机市场的形成，Gouda 的价格大起大落。在 1636 年 11 月价格猛升到 7 基尔德，随后回跌到 1.5 基尔德，在 12 月 12 日其价格再度强烈反弹，直上 11 基尔德。过了新年之后，再猛跌到 5.5 基尔德。由于新投机者的加入，价格再次急剧上升，到 1 月 29 日已经突破了 14 基尔德大关。这三次大起大落，每一次的振荡幅度都超过了 400%。拿 12 月 9 日最低点（1.5 基尔德）与 12 月 12 日的最高点（11 基尔德）相比，3 天之内价格上升将近 10 倍。超额利润招来了四面八方的投机客。也许有人早就怀疑到郁金香的价格已经完全背离了作为一种花卉的常规，但是倒买倒卖所获取的暴利使许多投机客丧失了理智。

到了 1637 年 1 月，连普通品种的郁金香价格也被抬高了 25 倍多。例如，Switsers 的价格在 1637 年 1 月上旬尚且低于 1 基尔德，到月底就被炒到 14 基尔德，到 2 月 5 日上涨为 30 基尔德，在 30 天内涨幅超过了 29 倍。在这段时间内，几乎每一个投机者都沉浸在突然发了一笔横财的美梦之中。

三、泡沫的崩溃

1637 年新年前后，郁金香的期货合同在荷兰小酒馆中被炒得热火朝天。到了 1637 年 2 月，倒买倒卖的人逐渐意识到郁金香交货的时间快要到了。一旦把郁金香的球茎种到地里，也就很难再转手买卖了。人们开始怀疑，花这么大的价钱买来的郁金香球茎就是开出花来到底能值多少钱？前不久还奇货可居的郁金香合同一下子就变成了烫手的山芋。持有郁金香合同的人宁可少要点价钱也要抛给别人。在人们的信心动摇之后，郁金香价格立刻开始下降。价格下降导致人们进一步丧失对郁金香市场的信心。持有郁金香合同的人迫不及待地要脱手，可是，在这个关头很难找到"傻瓜"。恶性循环的结果导致郁金香市场全线崩溃，郁金香泡沫的高峰期仅仅持续了一个多月。由于许多郁金香合同在短时间内已经多次转手买卖且尚未交割完毕，最后一个持有郁金香合同的人开始向前面一个卖主追讨货款。这个人又向前面的人索债。荷兰的郁金香市场从昔日的景气场面顿时变成了凄风苦雨和逼债逃债的地狱。

1637 年 2 月 24 日，花商们在荷兰首都阿姆斯特丹开会决定，1636 年 12 月以前签订的郁金香合同必须交货，而在此之后签订的合同，买主有权少付 10% 的货款。这个决定不仅没有解决问题，反而加剧了郁金香市场的混乱。买主和卖主的关系纠缠不清。荷兰政府不得不出面干预，拒绝批准这个提议。1637 年 4 月 27 日，荷兰政府决定终止所有的合同。一年之后，荷兰政府通过一项规定，允许郁金香的最终买主在支付合同价格的 3.5% 之后中止合同。按照这一规定，如果郁金香的最终持有者已经付清了货款，那么他的损失可能会超过当初投资数量的 96.5%。如果还没有支付货款的话，他很侥幸，只需支付合同货款的 3.5%，那么卖给他这个合同的人就要遭受非常严重的损失了。

在这一打击之下，荷兰的郁金香投机市场一蹶不振，再也没有恢复过元气来。

四、成为荷兰国花郁金香的一度辉煌

郁金香的一度辉煌刺激了花农们的积极性，他们不断改进郁金香的种植技术，增加产量，开发新品种。郁金香的栽培技术逐渐被广大民众所掌握，产量大幅度增加，价格也稳定在一个合理的范围之内。美丽的郁金香终于从充满铜臭味的投机市场又回到了百花园内，并且成为荷兰的国花。

第三节　1869 年的黄金大暴跌

在黄金投资和投机的数千年历史中，发生于美国纽约的 1869 年黄金大暴跌是值得每一个交易员和分析师学习的一个经典案例。这个案例的影响巨大，比如 2015 年的纽约联邦储备银行的网站上就发表了一个分析文章，不只详细叙述了 1869 年黄金事件的来龙去脉，而且联系到了目前联储的 QE 政策。1869 年黄金事件的大背景是发生于 1861 年到 1865 年的美国南北战争。这场战争中，南方的 7 个州宣布独立，北方的 27 个州联合决定宣战。这一场战争是美国有史以来损失最大的战争，也导致了南方的经济彻底崩溃，北方的经济债台高筑。战争胜利后，北方的总统林肯被暗杀，新的大选结果是北方联军的英雄格兰特将军当选总统。

格兰特总统当时最大的任务是战后重建，但是当时美国国库空虚，战争期间的货币发行过度。当时美国联邦储备银行还没有创立，联邦财政部管理货币政策。联邦财政部在纽约的分支机构"次财政部/Sub－Treasury"负责具体的货币政策操作。从这一点来看，目前纽约联储的职责在当时已经存在了。联邦财政部的目标是逐渐偿还债务，退回到金本位。于是纽约的两位投机客费斯克（Fisk，后面用 F 表示）和高尔德（Gould，后面用 G 表示）决定联合逼空黄金。

根据 F 和 G 的分析，当时美国黄金市场每周的交易额大约为 1500 万美元。其中，财政部每周定期卖出 500 万美元的黄金，回笼国债。于是他们先说服格兰特总统，主要的观点是美国内战后经济虚弱，需要放松货币政策，而不是不断卖出黄金，收紧货币。同时格兰特总统的一个亲戚也被 F 和 G 说服，加入了他们的投机团队。格兰特总统是个战争英雄，但是对经济一窍不通。他被这个简单的逻辑说服，于是写信给当时的财政部部长，"建议"停止每周的卖出黄金操作。财政部部长收到信后，没有直接答复总统是否同意，但是他下令纽约的次财政部停止了黄金操作。

在投机客方面，F 和 G 开始大举加仓，在纽约的黄金交易所通过买入上千万美元的黄金期货，完全控盘。从 1869 年 6 月开始，到 8 月，他们把黄金价格从 90 美元/盎司左右拉升到了 150 美元/盎司，大约 60% 的涨幅。由于黄金期货是 3% 的保证金杠杆交易，他们的获利超过千万美元。

黄金价格的暴涨，导致当时的市场投机客对手损失惨重，只能通过不断卖出股票来追加保证金。这个连锁反应导致股市下跌 20% 以上。这个疯狂的逼空黄金和股市暴跌，引发很多经纪商去华盛顿告状。格兰特总统也意识到他被两位大投机客利用了，极为愤怒。到了 9 月 24 日（周五），F 和 G 的经纪商开始最后一轮大幅拉升，

在黄金交易所上午开盘后，买入价值 300 万美元的黄金，直接把价格从 150 美元/盎司拉升到 162 美元/盎司。就在当天上午，美国财政部入场，卖出价值 400 万美元的黄金。这个举动直接导致黄金价格下跌 20%。由于当时的场内一片混乱，很多的买卖双方都不清楚到底发生了什么，而且大量成交情况无法确认。

第二天是周六，由于周五的暴跌，黄金交易所决定关市，清理未清算的交割。黄金的暴跌和股市的暴跌一起引发了证券交易所的支付危机。根据后来的统计，纽约当时的券商中有 30% 在当天宣布破产。有一个大经纪商在黄金周五暴跌的时候做空价值 300 万美元的黄金，然后在收盘时做多。不幸的是他的做空对手经纪商倒闭，无法兑付，而他的做多对手交割出黄金。结果由于这个 300 万美元的黄金仓位在后来几天继续暴跌，这个经纪商因此破产。1869 年黄金事件中，有一些券商由于担心交易对手破产，有意推延清算，导致了连锁反应的第二波经纪商破产潮。1869 年黄金后，美国股市缓慢康复，但是黄金交易所彻底破产，以后上百年黄金交易在美国都极为清淡。

第四节　黄金大事件年表

1914 年以前，主要西方国家采用各类规模的金本位制（Gold Standard），以其黄金储备数量相对发行货币，以每盎司黄金对应某一金额。

1919 年，第一次世界大战爆发，英国停止实行金本位制。

1925 年，第一次世界大战后，英国希望借助金本位制走上复苏之路，恢复金本位制度。

1931 年，美国 1929 年的经济危机引发全球经济萧条，英国结束了金本位制。

1933 年，美国总统罗斯福宣布禁止黄金自由买卖和出口，要求人民将持有的黄金全数上交银行。美国放弃金本位制。

1934 年，美国总统罗斯福将买卖黄金的官价提升至每盎司 35 美元（美元贬值大约 40%），恢复金本位制。

1936 年，布雷顿森林体系（Bretton Woods）建立。美元与黄金挂钩，美国承担以官价（每盎司 35 美元）兑换黄金业务，各国货币则与美元挂钩。

1961 年，美国受制于越南战争，财政赤字巨大，国际收支恶化，令黄金投机活动增加，美、英、法、德、意等国家于是成立黄金总汇，联合抑制黄金价格上涨。

1967 年 11 月 18 日，英镑在战后第二次贬值。

1968 年 3 月 17 日，"黄金总汇"解体。

1971 年 8 月 15 日，美国总统尼克松发表电视讲话，关闭黄金窗口，停止各国政

府或中央银行持有美元前来兑换黄金。美元挣脱黄金的牢狱，自由浮动于外汇市场。

1972 年，伦敦市场的金价从每盎司 46 美元涨到 64 美元。

1973 年，金价冲破 100 美元/盎司。

1974—1977 年，金价在 130 美元/盎司到 180 美元/盎司之间波动。

1978 年，原油飙涨达一桶 30 美元，金价涨到 244 美元/盎司。

1979 年，金价涨到 500 美元/盎司。10 月，美国通胀率冲破 12%。

1980 年 1 月的头两个交易日，金价达到 634 美元/盎司，美国财长米勒宣布财政部不再出售黄金，之后不到 30 分钟金价大涨 30 美元达 715 美元/盎司；1 月 21 日，创 850 美元/盎司新高。美国总统卡特不得不出来打压金市，表示一定会不惜任何代价来维护美国在世界上的地位，当天收盘时金价下跌了 50 美元。

1980 年 2 月 22 日，金价重挫 145 美元/盎司。当代首次黄金大牛市宣告结束，时间长达 12 年。金价从 1968 年的 35 美元/盎司涨到 1980 年的 850 美元/每盎司的 12 年间，每年有 30% 的获利率。

1981 年，金价每盎司的盘势峰顶是 599 美元。到了 1985 年，盘势降到 300 美元/盎司左右。

1987 年，美国股市崩盘后，黄金价格触及 486 美元/盎司的峰顶后便一路下滑。

金价从 1980 年 1 月 20 日的历史高位 850 美元/盎司计，到 1988 年底，美元金价已跌去 52%。在这十年内，美国的通胀率升幅达 90%，以低通胀率见称的日本也在 20% 的水平。

1989 年，金价从 9 月中旬的 350 美元/盎司回升至 11 月 14 日的 391.5 美元/盎司收市，两个月升幅达 11%。

1989 年，金价在 11 月 27 日出现 427 美元/盎司之后，市上传出苏联大量抛售黄金的消息，令市场价格大幅波动。

1990 年 5 月 24 日，市场出现 18.7 吨（每吨为 27000 盎司）黄金的沽盘，这是由于美国清盘官将最近申请破产的储贷银行及财务公司所持黄金集中推出套现，金价大跌，推低至 360 美元/盎司。

1990 年 9 月 5 日，伊拉克入侵科威特，金价从 370 美元/盎司反弹至 417 美元/盎司，又往下打回到 383 美元/盎司。

1996 年 2 月 5 日，金价一度升至 418.5 美元/盎司，打破了 1993 年创出的前期高点 409 美元/盎司。

从 2005 年底起，黄金价格出现了历史性大幅上涨，从原来的 400～500 美元/盎司的水平一路飙升到 1923.20 美元/盎司的历史最高点，随后开始逐渐回落。